优秀团队的生存精华

狼性法则

Wolf Rule

志舒◎编著

北方妇女儿童出版社
·长春·

图书在版编目（CIP）数据

优秀团队的生存精华：狼性法则 / 志舒编著 . --
长春：北方妇女儿童出版社，2019. 4（2023. 5重印）

ISBN 978-7-5585-3260-3

Ⅰ . ①优… Ⅱ . ①志… Ⅲ . ①组织管理学 – 通俗读物
Ⅳ . ① C936-49

中国版本图书馆 CIP 数据核字（2018）第 291416 号

优秀团队的生存精华：狼性法则
YOUXIU TUANDUI DE SHENGCUN JINGHUA LANGXING FAZE

出 版 人	师晓晖
策 划 人	师晓晖　魏广振
责任编辑	关　巍
排版制作	尚唐一品
开　　本	880mm × 1230mm　　1 / 32
印　　张	6
字　　数	120 千字
版　　次	2019 年 4 月第 1 版
印　　次	2023 年 5 月第 5 次印刷
印　　刷	旭辉印务（天津）有限公司
出　　版	北方妇女儿童出版社
发　　行	北方妇女儿童出版社
地　　址	长春市福祉大路5788号
电　　话	总编办：0431-81629600
	发行科：0431-81629633
定　　价	29.80 元

前 言

据相关史料记载，在100多万年的自然变迁中，狼之所以能够生存并成为兽族中最优秀的种族，就是因为狼奉行至高的生存法则。

狼是地球生态系统中一个强悍和智慧的物种，森林、草原、荒漠、草地，到处都有它们的足迹。狼为了生存和发展，常常会勇敢地向对方发起凶猛的进攻，即使敌人比它们强大得多，它也毫不畏惧，因为它们有集体的力量。

狼不但有着自己的生存智慧和策略，而且还有一种同命运抗争的强者精神，无论环境如何恶劣，竞争如何激烈，它们都能以坚韧刚毅和睿智团结的精神去面对。狼之所以能够生存下来，就是因为它们善于群体作战，善于分工协作，善于沟通，善于智慧，彼此忠诚，在协作中遵循铁一般的纪律。

正是因为狼身上的这些本性，才使它们成为自然界中一个后天强者。在人类历史长河中，有不少游牧民族在与狼的长期斗争中，学习了狼的不少智慧，最著名的莫过于一代天骄成吉思汗领导下的蒙古民族，他们采用狼的战术，几乎称霸了整个世界。

蒙古人不仅认为自己民族的先祖来自于“苍色的狼”，而且蒙古王族一些核心部落的领袖，甚至一些核心部落本身还直接以狼为名，成吉思汗的叔父的父亲就是以狼为名，而且整个蒙古民族一直都是以狼为主，以狼为神，以狼为师，以狼为图。他们是古代世界性格最勇猛强悍、刚毅睿智的民族。蒙古骑兵则是世界上最凶猛、最智慧、最善战的军队，而这支军队就是蒙古草原上的狼训练出来的，所以当年蒙古骑兵能够横扫世界，创造了世界历史上版图最大的蒙古帝国，达到了草原游牧力量所能达到的顶峰。

有鉴于此，我们隆重推出了《狼性法则》一书。这是一本关于企业和个人生存的智慧书，从狼的身上我们能找到个人的生存发展所需要的素质，比如坚忍顽强、耐心、战斗、牺牲等等。这又是一本关于领袖培养的智慧书。从狼的身上我们能学到：从弱者到强者，从尾狼到头狼所需要的力量，比如信念、野心、胆识、霸气、谋略等等。这更是一本关于团队管理的智慧书。从狼的身上我们能发现作为团队管理者所需要的技巧，比如合作分工、策略沟通、应变、危机意识等等。

相信本书一定会为你的人生带来新的转机，给你的管理带来新的气息，为你的团队注入新的活力。

目 录

第一章

物竞天择　适者生存

狼改变不了环境，就想尽一切办法改变自己。在狼族中，往往有一只地位最低的狼，它是狼群中最为弱小的一个，在家族中的各个方面，它总是被置于最后的位置，但如果它能够生存下来，往往能成为一只优秀的狼，它最终成为头狼的概率也比较大。

因为这种顽强的生存能力使它经历了更大的磨砺，使它积累了更为完善的生存技能。

做主宰环境的强者

对于严峻的生存环境，狼有着惊人的适应能力。狼驾驭环境变化的能力是世界上各种动物中最出色的，这或许正是它们适应性强的主要原因所在。

在众多的动物中，狼是最能适应外界环境的，由于狼适应外界环境的能力很强，使其不论在哪种环境中都能找到自己及种群的生存方法，所以狼可以生存于地球上的每一个角落，可以说狼是主宰环境的强者。只有主宰了环境，才能不被环境主宰，一旦被环境主宰，生存就会出现危机。

在北极，在严寒的冬季，在肆虐的暴风雪中，狼都能在露天里蜷缩成一团，用尾巴遮住面部安详地睡觉。狼的嗅觉功能也着实令人惊叹不已，在几公里之外，它们就能准确地确定猎物的方向和位置。

这是狼群围捕黄羊的一个场面。当时，黄羊正悠闲地啃着牧草，慢慢地移动着，吃饱的黄羊有的趴在草地上，有的在附近湖边饮水。这群黄羊还没有察觉到危险的存在，就不知不觉地陷入了狼的包围圈中。五六只狼形成的半圆形，正一步一步地缩小。突然，一只年长的雄黄羊似乎发现了什么，它撒腿就跑，奋力冲出包围圈。

对这一突如其来的情况，狼群好像早有准备，并不追赶，也没有改变队形。它们似乎知道湖边还有更多的黄羊，不能因小失大。果然，当狼群逼近湖边的时候，狼群的每个成员几乎在同一时刻突然朝黄羊群猛扑过去。这就如战争时发起的冲锋一样，井然有序，且行动一致、迅速。

羊儿们这时不知发生了什么，惊得四处逃窜。一部分羊飞奔着向草原深处逃命，一部分则向湖心跑去，它们的命运可想而知，不是沉入湖底，就是落入狼口，非常悲惨。

随着地球的演化，特别是人类对于动植物资源的过度索取和对自然环境的破坏，极大地改变了狼的生存环境和猎物对象。但不管是树林中的狍子、草原上的黄羊，还是凶猛的野牛、庞大的驼鹿，狼都能耐心地去寻找它们的弱点，最终捕获到所需的猎物。

在北美辽阔的针叶林里，人们曾动用所有现代工具和监测仪器，跟踪一群狼捕捉驼鹿的经过。一头狼嗅到驼鹿的气味后，很快，其他的狼就聚拢过来，它们自动地形成单列队形，在松软的雪地上追赶驼鹿。

领头的狼是开路先锋，带领后面的成员快速前进，累了就由其他成员接替它的位置。就这样，狼群不断地变幻着，快速追赶着猎物，不让猎物有片刻喘息的机会。它们确定了目标后，很耐心，可以几天不吃也不喝，紧紧地跟随目标，哪怕它们感到有点疲惫，但它们不会轻易放弃目标。

狼以顽强的精神追赶了几天以后，驼鹿体力不支，终于筋疲力尽。这时狼群开始发起进攻。第一只狼扑过去，咬住喉咙，紧紧不放；第二只窜上去咬住大腿，接着是第三只、第四只……陆地上最大的鹿就这样被比自己个头小的狼结束了生命，沦为了狼的食物。

在草原上，狼之所以成为自然界真正的主人，一个重要的原因是，草原狼特别善于长途奔袭。在辽阔的大草原上，无论是猎者，还是被猎者，如果没有超强的奔跑能力，要在草原上生存都是十分困难的事情。草原狼可能就是因为具备了这种能力，才大大提高了自己战斗力，成为草原上最强大的“军事力量”，甚至可以将虎、豹、熊等个体更大的猛兽逐出草原。

动物的生存法则与人类一样，要想生存，就必须首先去顺应生存环境。如果生存环境很恶劣，要想改变它，只有不断地去适应、改变环境，才能在越来越恶劣的生存环境下，得以繁衍。

如今的草原，野生动物已经很少，在寒冷的俄罗斯和蒙古国草原，恶劣的自然环境使很多动物都难以长久地生存，包括那些看似威猛、顽强的老虎、狮子、猎豹、狗熊。它们都曾经进入过这些草原，并试图在草原上长久地生存，但都没有成功。它们一方面是适应不了严酷的自然环境，另一方面是适应不了更为残酷的生存战争。在食物资源稀少的草原中，它们最终因饥饿而灭绝。

在这样的残酷的环境中，一些大型的食肉动物，因为觅不到食物，最终被自然界无情的淘汰，剩下的都是生存能力非常顽强的物种，狼就是其中之一。狼之所以能在如此恶劣的环境下生存，这是因为狼本身具有的强大的生存能力，就是这样的环境，同时也造就了狼——促进了狼群的改良，使它们在逆境中，磨炼了自己的智慧、技能，使其具有了更强大的适应能力。这样就形成了一种良性的循环。

伟大的生物学家达尔文在《物种起源》一书当中已经明确地提出了“物竞天择，适者生存”的进化理念，凡是在自然界生存下来的生物，都是在这一自然选择的条件下的优胜者。

达尔文的进化论在人类世界中同样适用，整个人类的发展史其实就是一部适应史，人类就是在不断适应的道路上探索、收获和走向更加文明与进步的。人们最终的结局之所以会有天壤之别，关键在于谁在其中更能以积极进取的热情和坚韧不拔的理性去适应社会了。

适应能力对于每个渴望获得成功的人来说都是非常重要的，或者说这也是他必须具备的基本素质。如果一个人连最基本的适应能力都做不到，恐怕真的会连生存都会出现问题，更不要说其他了。

在大西洋的一个不知名的小岛上，生活着一种漂亮的红嘴鸟。亚热带的温暖气候和长年不断的潮湿季风使这里成了植物的天堂。红嘴鸟以岛上的昆虫和植物种子为食，过着无忧无虑的生活。

但是，有一年，一场海啸摧毁了岛上的大多数植物，而紧接着的长达7个月的干旱更是给岛上的生物带来了灭顶之灾——几乎所有的植物都灭绝了，只剩下一种叫作“球刺”的矮小灌木。

这种灌木枝条柔韧，体型矮小，可以抵御很强的台风，而且它们的枝条上有厚厚的蜡质层，有效地阻止了水分的蒸发。最重要的是，它的种子周围是结实的木质结构，还带有很多的尖刺，这样既防止了成为鸟类的口中美食，又可以随时抓住地面上的一切东西，生根发芽。正是因为这种适应干旱多风天气的特性，才使这种植物在岛上残留了下来。

岛上的动物大部分也因为恶劣的环境而灭绝了，但是令生物学家惊异的是，一部分红嘴鸟因为不能适应环境的变化而死亡，而另外一部分却安然地生存了下来。在生与死之间它们到底有什么样的差别呢？活着的红嘴鸟靠什么样的“秘密武器”才成为自然选择的优胜者？

生物学家带着疑问来到了岛上，经过三个月的调查研究，终于发现了其中的秘密。原来植物的灭绝使岛上的鸟类失去了食物，唯一可以维持鸟类生存的食物就是“球刺”的种子。

但是红嘴鸟在吃这种食物的时候却像在攻克一座堡垒一样困难：它先要用爪子按住带刺的种子，然后用长喙啄开坚实的外壳，拼尽全力才能够到里面那用来“活命”的种肉。

科学家发现，生存下来的红嘴鸟的喙比淘汰出局的红嘴鸟的喙要长出 0.1 毫米。就是这 0.1 毫米，造成了生与死的差别！

俗话说：“失之毫厘，谬以千里”。一部分红嘴鸟先一步适应了环境，获得了宝贵的生存权，而那些没有适应环境的，则付出了生命的代价。在人类社会当中同样如此，社会科学家提出了一种“第一效应”理论，比如运动会，绝大多数人的目光都聚集在冠军的身上，哪怕亚军比冠军只差那么微不足道的一点点，也会造成巨大的反差。

再比如一群人同时到一家公司工作，大家的工作能力都相似，现实的情况是，往往那些最先适应新环境的人，最容易得到提拔，成为管理者。

为了更好地适应环境，我们应该以一种积极的心态去改变自己，而不是逆来顺受。很多人错误地以为，逆来顺受就是对环境的适应，这是绝对错误的一种想法。对环境适应的最终目的是为了让自己变得更强，而逆来顺受只会让你成为环境当中最底层的弱者。

当环境改变，尤其是向坏的方面变化的时候，一方面，我们不能逆来顺受，当做什么也没发生；另一方面我们也不能怨天尤人，让失望与愤怒冲昏头脑。正确的做法应该是用我们自己乐观的精神，不断去适应新岗位、新环境，同时也是在面对新的机遇，在变化中寻找走向成功的机会。

卡加隆是德国大众汽车公司某区域经理。正当他事业上一帆风顺、业绩蒸蒸日上之际，公司开始大规模裁员，有将近1/3的人被解聘。他虽然幸运地保住了饭碗，但却丢掉了经理的职位。卡加隆很是痛苦了一段时间，他甚至考虑过转行做饮食方面的生意。但值得庆幸的是，最后他没有被环境变化造成的挫折所压倒。降级后的他及时地调整了自己的心态，逐渐适应了新环境，不但没有消沉下去，反而更加努力地工作。几个月后，他重新被提升为该地区的销售经理。

优秀与平庸之间往往就在于你对环境适应过程中的前后一秒钟上，越是主动的人，越容易抓住这宝贵的一秒钟，从而在变化中适应，在适应中为自己营造成功的云梯。

社会是一个大的群体，个人的力量与整个社会环境相比永远都是微不足道的，所以在适应环境的过程中，每个人一开始扮演的都是一个被动的角色。那么怎么样才能化被动为主动，把生活的节奏掌握在自己的手中呢？答案就是学习与变化。

没有人生来就懂得很多、会做很多的事的。每个有辉煌成就的人都是在不断的适应中丰富和成长起来的。但这并不表明你就可以高枕无忧地躺在已有的优势上洋洋得意了。即便你现在已经和恐龙那样强大了，但如果你放弃了在适应之旅中继续前进，那么，恐龙的悲剧就有可能在你身上重演。这就像温室里永远也长不出傲立风雪的苍松翠柏一样，必须不断地在风霜雨雪中忍受着意志的考验，经受着酷暑严寒的磨炼，从弱小到茁壮成长，才能成为参天的栋梁之材。

20世纪70年代，著名的波音公司董事长威尔逊先生就开始着手物色继承人。他制订了一份波音高层主管的发展计划，以便选出波音未来更出色的领导人。

在这个计划中，威尔逊列出了包括十几个人在内的候选人名单，将他们任命为自己的副手，并不断地向他们施以压力，他要看看他们中间到底谁更能在适应中经受住多个岗位工作的考验。

经过一次次激烈的竞争，一次次严格的筛选，最后候选人名单上只剩下了两个人：简·桑特和弗雷特·冯茨。桑特的专长是工程，而冯茨的专长是企业策划。

威尔逊为了能更真实地检验一下两个人的实际能力，首先调换了两个人的工作，看一下他们的综合能力。

威尔逊先找到桑特说："桑特，你先暂时离开767案组，来总部搞企划，好吗？"桑特没有考虑就答应下来，然后去总部报到，迎接新的挑战。

接着，威尔逊又给弗雷特·冯茨打电话说："冯茨，准备一下，公司决定让你暂时离开企划部，去管理707、727、737部门。"

"可是，我根本不了解那儿的情况啊。"冯茨提出了疑问。

"你害怕承担责任吗？"威尔逊皱起了眉头。

"不，当然不是。威尔逊先生，我只是认为不应当冒险承担失败。"冯茨果断地回答。

威尔逊的眉头舒展开来，他故意用生气的口吻说："公司已经决定了，努力去干吧！"

冯茨也只得走马上任了。冯茨在管理707、727、737部门的同时，也通过不断地实践、探索来使自己适应新的工作环境和任务，最后成功地开发了737-300型飞机。这种飞机为波音赢得了大量的订单，大大地提高了公司的收入。而此时桑特的工作也特别出色。

接着，冯茨又被派到民机集团做飞机销售工作。他很快适应下来，以律师的雄辩口才，在各类谈判中屡建奇功。另外，在与空中客车公司、道格拉斯等大公司的竞争中，也为波音公司立下了汗马功劳。

通过不断地适应，冯茨源源不断地爆发出自己的潜能，而且每到一个新的岗位上都能迅速地游刃有余地处理好各种问题。对于这一点，他自己都感到惊奇，后来成为董事会主席的他对波音公司的全体员工说："很多的事实证明，在多层次上具有适应能力，并在适应的过程中能够发扬光大的人，才是一个最出色的也是值得重用的人！"

适应不是一句轻飘飘的话，在适应的过程中肯定有碰壁的疼痛和酸楚的泪水，也肯定有面对坎坷与荆棘的茫然和彷徨。任何能抵达成功顶峰的路都不会一马平川的，在蜿蜒崎岖的路径上高呼着响亮的口号，让自己像个勇士那样，在适应的过程中越挫越勇的人，最后才会赢得胜利者应得的鲜花与微笑，最先适应新环境的人必定是离成功最近的人。

在绝境中求生存

在地球上，狼族已经生存了一百多万年的时间，它们历经了人类的猎捕、毒杀、陷阱，人类甚至用威力强大的武器从飞机上射杀它们。人类也毁灭了很多狼族的栖息地，很多狼族赖以维生的生物族群——例如美洲野牛、麋鹿和美洲驯鹿，也都遭受到人类无情的毁灭。狼就是在这种“绝境中求生存”的动物，它们敢与天斗、与人斗，正是它们的这种斗争精神，才使其能在绝境中生存。

狼的一生是充满艰辛的。在野外，一只狼可以存活约 13 年，但大部分狼只有约 9 年左右的寿命。然而，为人类所捕获并饲养的狼，其寿命通常都会超过 15 年。显而易见，狼群在野外的生活万分艰辛，并且处处隐藏着凶险。

生活在野外，狼不但要与人类及其他动物进行殊死的搏斗，以求生存。同时，狼还必须经常与自己的同类争夺食物和领地，因为狼群只能在自己的领地进行生活、捕猎，领地的大小根据他们捕食对象的多少而有很大的变化。这种情况取决于这个地区的猎物数量。在猎物分布较密集的地方，狼就不必奔袭很远便可获得美餐。而在较荒凉的、猎物比较少的栖息地，狼有时则需要跑很远，才能猎到食物。

在狼的世界里，“适者生存”就是他们最重要的生存法则，如同最虚弱的美洲驼鹿为狼所捕获一样，最虚弱的狼也会消失。狼的生存主要是依托在战胜对手、吃掉对手的方式上，否则会被饿死。而捕猎是危险的，狼在捕获猎物的时候，常常会遇到猎物的拼死抵抗，一些大型猎物有时还会危及狼的生命。研究表明，狼捕猎的成功率只有 7% ~ 10%。

一旦捕猎成功，狼还必须警惕其他想不劳而获的动物的袭击。这些动物还经常袭击、捕杀狼的幼崽。最后，狼还必须与人类抗争，人类无疑是狼安全生存的最大威胁。

正是在这种险恶环境中，狼才得以战胜对手，成为陆地上食物链顶端的霸主之一。困境一般是产生强者的土壤，正是这种环境，使狼成了强者。

狼群中还有严格等级制度。有地位较高的头狼，还有在狼群中地位最低的欧米茄狼，它是族群中块头最小的家伙。这个可怜的小不点儿，常常会受到族群中其他成员的虐待与排挤，在所有活动方面，它都被置于最后的位置。特别是在吃东西的时候，它往往是排在最后一个，只有等其他狼吃饱了，剩下的食物，才有它的一份，因此它时常挨饿。

但是，这个小不点儿却有扭转乾坤的神奇力量。在这种环境中经过一段时间的艰苦磨炼，当自己有一定的生存能力之后，它就会离开狼群，变成众所周知的“孤独之狼”。

这些“孤独之狼”最后会参与其他族群，或者找到伴侣，开始经营属于它们自己的族群，对生命锲而不舍的精神使它经历了更大的历练，积累了更为完善的技能，它们的智慧也是其他狼所无法与之相提并论的，这使其往往能成为一只非常优秀的头狼。

绝境中生存下来的狼，才是真正勇敢、智慧的狼。它们意志更坚强，经验更丰富，智慧更能发挥出来，技能也更娴熟。它们之所以成为头狼，成为一个组织的领导者，就是因为这种“绝境”锻炼了它们。

什么是真正意义上的幸或者不幸？关于这个问题，我们必须综观其在一个人一生中的作用之后，方可下结论。彼时彼地一个不得已的选择，或许无意中成为你日后成功的转折点；不期而遇的挫折和失败，或许无意中成为你奋起勃发的起点。

正如爱迪生所说的：“失败也是我需要的，它和成功一样有价值。只有在我知道一切做不好的方法之后，我才知道做好一项工作的方法是什么。”然而，有的人埋怨挫折、诅咒逆境，他们把挫折看成是失败和灾难，一遇挫折就陷入焦虑、忧愁、痛苦甚至绝望中而无法自拔；而有些人却能坦然地面对挫折，冷静地分析挫折的成因，自觉地以乐观向上的态度、坚定的信心，以及顽强不屈的意志和毅力去战胜挫折，使人生获得一次超越，是挫折使他们成为强者。李·艾柯卡就是众多强者中的一个。

李·艾柯卡毕业于美国利哈伊大学，获得了工程技术和商业学两个学士学位，后又在普林斯顿大学获硕士学位，其间还学过心理学。

当年，21岁的艾柯卡来到底特律，在福特公司当了一名见习工程师，从而开始了他在汽车业中的传奇生涯。然而实习尚未结束，艾柯卡就对整天同无生命的机器打交道的工作感到索然无味，他感兴趣的是到销售部门同人打交道。经过一番努力，福特公司宾夕法尼亚州的地区经理终于给了他一个机会，他当上了一名推销员。

推销员的工作充满了酸甜苦辣。艾柯卡虚心好学，竭尽全力，很快学会了推销的本领。不久，他被提拔为宾夕法尼亚州威尔克斯巴勒的地区经理。销售是汽车业的关键，艾柯卡从中明白了一个道理：想在汽车这一行获得成功，必须和销售商站在同一立场上。在以后的风风雨雨中他始终牢记这一点，因此深得销售商的拥护。

由于业绩出色，年仅32岁的艾柯卡又调到了福特公司总部，担任卡车和小汽车两个销售部的经理。在总部，他开始展露非凡的管理才能，深得上司的赏识。

36岁时，艾柯卡担任了副总裁和福特分部的总经理职务。艾柯卡发迹速度之快在世界上实属罕见。

之后，他亲自出马，夜以继日地研制出了一款专为年轻人设计的新车，定名为“野马”，第一年销售数量高达41.9万辆，创下了全美汽车制造业的最高纪录。在两年的时间里，“野马”型新车为公司创纯利11亿美元，他成了闻名遐迩的“野马之父”。后来“侯爵”、“美洲豹”和“马克3型”高级轿车的推出，更是大获成功。艾柯卡终于如愿以偿地坐上了福特汽车公司总裁的宝座，成了美国这家第二大汽车企业中地位仅次于老板福特的第二号人物。

一瞬间，整个世界似乎都在他的脚下了，艾柯卡从来没有这么得意过。可是，由于“功高盖主”，他被妒火中烧的大老板亨利·福特开除了。

当了8年的总裁，在福特工作已32年，一帆风顺，从来没有在别的地方工作过，突然间失业了，艾柯卡几乎无法承受住这个打击：这是梦还是现实，命运为什么要跟他开这个玩笑呢？

但是，艾柯卡很快意识到：“艰苦的日子一旦来临，除了做个深呼吸，咬紧牙关尽其所能外，实在别无选择。”艾柯卡是这么说的，最后也是这么做的，他并没有倒下去。

一时间，艾柯卡没有了朋友，没有了事业，仿佛他在世界上不复存在了。“野马之父”一类的话再也听不到了，昔日的英雄好像成了麻风病患者，人人都对他避而远之。

在他被解雇之后，由于过去的威名，许多大公司诸如洛克希德、国际纸业公司等都对他发出过邀请。但艾柯卡认为，54 岁是个尴尬的年龄：退休太年轻，在别的行业里另起炉灶又太老；况且汽车的一切已经在他的血液里流动了。

因此，他还是选择了汽车业这一老行当。他拒绝了很多知名大公司的优厚待遇，毅然接受了一项新的挑战——应聘到濒临破产的克莱斯勒汽车公司出任总经理。

为了度过危机，艾柯卡从自己做起，把 36 万美元的年薪降为象征性的 1 美元，他的做法在美国企业界没有先例，很自然地引起了轰动。艾柯卡长期以来一直很奢侈，讲究排场，他们无不对此深感震惊，开始时很不理解。然而榜样的力量是无穷的，老总的表率作用是最好的动员令。从各级领导到普通员工，大家渐渐地达成共识，所有员工都毫无怨言，心甘情愿地勒紧裤腰带。

“共同牺牲”给克莱斯勒公司带来了生机，使公司里的广大员工看到了希望。艾柯卡率领高层领导班子对营销、信贷、财务、计划和人事等部门进行整顿改革，积极扶持新产品的开发，花大力气抓生产制造。

当年，“道奇 400”新型敞篷车先声夺人，畅销市场，多年来第一次使克莱斯勒公司走在其他公司前面。K 型车面市，也一下子占领小型车市场份额的 20% 以上。

艾柯卡曾经说过：“齐心协力可以移山填海。”一年后，艾柯卡把他生平仅见的面额高达 8 亿多美元的支票交到银行代表手里。至此，克莱斯勒公司还清了所有债务。而恰恰是 5 年前的这一天，亨利·福特开除了他。

从一文不名的推销员，到世界顶级企业美国福特汽车公司总裁的宝座，正当人生光芒四射时，却又莫名其妙地被老板炒了鱿鱼。这时的艾柯卡和常人一样痛苦不堪，满腔的屈辱、愤慨、沮丧几近疯狂，但是他没有垮掉。

在将退休的年龄而受命于危难之际，终于获得了自己人生第二次创业的成功。艾柯卡的事迹，在跌宕起伏之间给后人以深刻的警示：当人面临挫折造成的强大压力时，如果能够面对现实，认识到自己遭受挫折的原因，使自尊心、自信心、主观能动性和情感的自我控制都得到增强，从而战胜困境，就能成为生活的强者。

挫折和困境本身并不都是坏事，它给人生带来害处，也带来福音，关键看你能不能正确地对待它，勇敢地驾驭它。

人活于世，谁不渴望成功呢？须知成功之路总是由挫折的脚步连缀起来的。世界上从来就没有轻而易举、一帆风顺的事情，得来全不费工夫总是以踏破铁鞋为前提的。挫折就是强者的机遇，挫折——总结——前进，再挫折——再总结——再前进，这才是强者走向成功的基本途径。只要我们摆脱挫折的包袱，善于把握挫折的良机，就能够成为驾驭人生航船的强者。

人生总有曲折磨难，这就是人生的现实。在这些人生的转折点上，应该如何去看待，进而如何去应付，就全看每个人自己了。当然，你可以像大多数人一样，把磨难当成是时运不济、危机、灾难，而不去寻找更可靠的道路再尝试一次，并把它当成自己失败的借口。

同样，你也可以把它当作是一种“挑战”，坚强而冷静地面对。有许多年轻人，在遇到困难的时候，会对所追求的职业心灰意冷、丧失动力。他们退缩下来，说命运是残酷的，逐渐地变成了胆小的人，这实在是很遗憾的。

真正重要的，并不是人生中的偶发事件，而是我们如何面对这些事件，绝不能因为命运而阻碍自己的前途。面临困境时，就是你向命运挑战的时候，要有拒绝失败的勇气。当然，打消念头，退缩放弃是很容易的，多数人在日常生活中也证实了这一点，但是这些人恐怕不是你所希望成为的。拒绝失败的人，在一个地方吃了闭门羹，会去敲另外一扇门，一次又一次地不断敲门，直到被接受为止。

或许你要说，你已经受了太多的苦，再承受下去会支撑不住；你已经失败很多次，所以再试也是徒劳无益的；你已经跌倒过太多次，再站立起来也是无用的。可是，对于意志永不屈服的人来说，绝对没有什么失败。不管失败多少次，时间怎样晚，胜利仍然是会到来的。有些人虽然已丧失了他们所有的一切，然而他们还不算是失败，因为他们仍然有着不可屈服的意志和永不颓丧的精神。虽然灾祸和失望频频降临，然而他总能超越和克服它们，并且从来不会丧失信心。

在暴风雨猛烈的袭击中，心灵脆弱的人只能是束手无策，而伟人可以克服外界的一切干扰，使之不为害于己。

很多富豪，他们都出身贫寒或学历较低，但白手起家创大业，赢得了令人羡慕的财富和名誉。他们创业时不是一帆风顺的，甚至还大起大落，几经沉浮，但最后他们成功了。困境不会长久，强者终究能够取得胜利。因为人有着惊人的潜力，只要你不懈的努力，就一定能渡过难关，成就生命的辉煌。

在一次丘吉尔组织的聚会上，众多风云人物在高谈阔论，其中包括著名的汽车大亨约翰·艾顿。艾顿向大家回忆起他年轻时的经历：出生在一个偏远小山村，父母早逝，是姐姐帮人洗衣服、干家务，辛苦挣钱养活他。姐姐出嫁后，姐夫将他扫地出门，他只好厚着脸皮到舅舅家，舅妈对他相当刻薄，规定他每天只能吃一顿饭，还得收拾马厩、刷马、剪草坪。刚参加工作时，他无钱租房子，有两年多的时间都是躲在郊外一处废旧的仓库里睡觉……

艾顿的回忆让现场所有人肃然起敬。丘吉尔惊讶地问："以前你怎么从来不讲这些？"

艾顿回答："正在受苦或正在摆脱苦难的人是没有权利诉苦的。"这位曾经在生活中失意、痛苦、挣扎了很久，通过不懈的努力终于成就卓著的汽车商接着又说："年轻人的苦难变成财富是有条件的，这个条件就是你最终战胜了苦难并远离苦难。只有在这时，苦难才是你值得自豪的人生财富；别人听着你的苦难时，才觉得你意志坚强，对你由衷敬重。如果你还在苦难之中或没有摆脱苦难的纠缠，你最好什么都不要说。你一说，在别人听来，无异于请求廉价的怜悯甚至乞讨。如果你还说你正在享受苦难，并从中锻炼了品质、学会了坚忍，别人只会觉得你是在自欺欺人。"

艾顿的一席话，使丘吉尔大为折服，当天晚上立即将他曾经奉为座右铭的"热爱苦难吧，苦难是财富"的人生信条修改为：

“苦难和挫折，是财富还是屈辱？当你战胜了它们时，它们就是你的财富；可当它们战胜了你时，它们就是你的屈辱。”

成功是每个人都渴望和追求的目标，失败是人人都不愿意遭遇且敬而远之的。每个人的人生中都会经历无数次成功与失败，无论成功或失败，都不能过度喜悦或悲伤，不可沉溺在成功之中，也不可沦陷在失败的沼泽里。

当一个人面对困境的时候，一是要敢于正视而不是消极地回避，怨天尤人往往于事无补，应该保持积极、乐观、理智的人生态度。二是要客观、冷静地分析困境产生的原因，特别是要多找找自身主观上的原因，从而找到战胜挫折的出路和方法。找到了失败的原因就离成功不远，找到了克服挫折的方法就已经踏上了成功之路。三是要树立战胜挫折的信心并保持愈挫愈奋的顽强毅力。

要想在挫折和逆境面前成为强者，就要有压倒一切困难的信心和毅力。检验一个人的品格，最好是在他面临困境的时候，看他失败了以后是加倍的坚强还是就此心灰意冷。伟大、高贵的人物最明显的标志，就是他们坚忍的意志，不管环境如何恶劣，自己的初衷与希望不会有丝毫的改变，并将最终克服阻力达到所自己所期望的目的。

善于从失败中崛起

狼是“失败是成功之母”信条最卓越的实践者。失败是一种心态，而不是现实。

失败和挫折其实本来就是人生不可或缺的一部分。失败和痛苦是上帝与每一种生物沟通并指出它们错误时所使用的语言。有些动物甚至人，在听到上帝的这些话时，可能会变得胆怯，致使它们逃避所有可能的威胁。但另外一部分人或动物，在听到上帝这些话时，就会变得更为谦虚，以期学到更多智慧。我们应该了解，我们开始迈向成功的转折点通常是在失败之后出现。

狼就属于刚才我所说的“另外一部分”。狼是“失败是成功之母”的卓越实践者。这些好像看来是智慧的人类说出的话语，但我们人类是否按照这样的真理生活或者工作呢？

面对这样的疑问，我们变得不再理直气壮，因为即使我们说出了真理，我们相信真理，但我们却很少遵循真理。狼，在这里又一次成为我们的老师。

狼也许算得上捕猎效率最高的动物了。但它们捕猎失败的概率仍然很高，大约为90%。这个数据是对许多狼群进行观察后，计算出的平均数据。可以想象得到，那些没有经验的幼狼，那些衰老的狼，失败的概率就会更高。

如果人类的所有行为都是只有10%的成功概率，也就是说十次同样的行动，只有一次成功，那将是一种什么样的情形。

然而，这却是每只狼都必须面对的。它们忍受着饥饿，在草丛中埋伏几天之后，它们却可能连一只羊都抓不到。因此，狼实际上经常处于饥饿状态。

或许，也就是这种饥饿状态，促使它们积极地面对失败，让它们从失败中吸取教训吧。狼群面对失败，从来不会退缩、屈服，它们甚至没有一点沮丧。它们不会像人类一样，在失败之后不停地抱怨，不停地为自己寻找各种各样的借口，它们要做的只是默默地忍受失败，重新整装待发，投入到眼前的任务。它们继续使用经过时间淬炼的狩猎技巧，检讨挫败的原因，并从挫折和失败中总结经验教训，拟定新的计划与蓝图，且深信成功终将会到来。

一条幼狼从跟随母狼捕食弱小的动物开始，到成为狼群伏击牲畜群的主力，要经历无数次的失败。但失败对它没有丝毫负面影响，它只会在饥饿中变得更加机敏、更加仔细。每一次捕猎，都是磨炼狼捕食技巧的机会。

对狼来说，失败就是经验，它们会把每一次失败都牢牢记在心里，以避免再犯同样错误。它们会在失败之后，等待下一次机会。对狼来说，再多失败都没关系，只要它们能捕捉到猎物，只要它们能生存下去，就是最大的成功。

面对挫折和失败，或者说面对强敌，狼时时还表现出一种冷峻达观的态度，正是这种态度，使狼产生了无穷勇气，面对险境，镇定自若，无畏无惧。

在原野中，狼并不是独来独往的。当漫长的冬夜来临，狼群在追捕食物的时候每一只狼都争相冲在前头。在清冷的月色中，它们跳跃着巨大的身躯超越在同伴之上，它们的目光盈盈发着蓝光，迸射出野性。

摄影家卡尔·布伦德斯曾经长时间地将镜头对准狼，在他看来，狼是一种特别的动物，是野性的象征。他说："狼的眼睛是你所能想象到的最撼人心魄的东西。它们的眸子里包含着北半球所有的野性。"

野性——一种冷峻而达观的态度。这种态度对于狂乱而浮躁的人类来说是否有些启示呢？

狼的勇敢不仅仅表现在面对危险和环境的考验上，更表现在对失败的蔑视和百折不挠的精神上。狼知道，生活从来不会一帆风顺，"不如意事十之八九"表明不顺、挫折及失败才是生活的常态。生活如果太顺利，将来回忆起来时都缺乏色彩。真正的勇士需要勇敢地面对风雨中的一切疼痛、挫折与失败。比起对于成功的渴望，多少次失败都算不了什么。真正勇敢的人和狼一样，从来不会被失败吓倒，而是把失败当成是成功路上的一种必然，是迈向辉煌的一块垫脚石。

实际情况是，往往对失败越充满恐惧的人，越是会遭遇到同样的失败；而越是蔑视失败，能从失败中吸取经验，马上勇敢站起来的人，越是能更快地走向成功。

绝大多数时候，那些看起来不可能完成的事情，或者以为结果会很糟糕的事情，在你真正动手去做以后，其结果往往却是正面积极的。也就是说当你不再害怕、不再犹豫之后，失败也就开始害怕你了，而成功却会开始青睐你——失败害怕勇敢尝试的人！

“我一直都在寻找那些拥有无限能力，并相信没有什么是做不到的人。”亨利·福特的这句话可以作为我们这个标题的小小注解。因为只有这样的人，才会把握住最有利的机会，并带领人们获得成功。勇敢的人也会遭遇失败，勇敢的人也并非时时顺利，但是敢于行动的人最终将成功。因为做得越多，成功的机会也就越多，失败也就离你越远。

莫里·威尔斯，在1962年，打破了联合会伟大前辈的偷垒记录，被授予了联合会最有价值球员的称号。

而在他棒球生涯的前几年，所有人都认为他是一个根本不可能有大成就的人。

一个似乎是要永远待在小竞赛联合会中，注定只能在职业生涯中平平庸庸的球员变成了一个超级明星。这所有的一切都是因为他在面对困难时，都勇敢地尝试、坚持，在一年又一年、一次又一次的遭遇失败之后继续努力，最终取得成功。当机会来临时，勇敢且坚持尝试的人已经准备好了，并抓住了它。

“幸运就是机会遇到了准备。”而准备的前提是你首先成为一个经历过失败仍旧可以勇敢前进的人。在公司中，谁是勇敢尝试的员工，谁就能为公司创造巨大的价值，也就能给自己以最高的价值体现。相反，那些越是害怕失败、越是犹豫的人，就越容易遭遇到真正的惨败。因为勇敢尝试的员工会在实施项目的过程中不断总结自己，从而获得越来越多的经验和机会。而懦弱退却的员工却总是越失败越害怕，最终完全丧失前进的勇气。成功可以鼓起人们更大的勇气与自信，而胜利的果实只有勇敢尝试的人才可以得到。

当然，说勇敢尝试并不是让人鲁莽行事。把鲁莽和勇敢画上等号的人是愚蠢的。而是让你明白，要想获得成就与业绩，只有先抛开猜测、犹豫，开始行动起来，在行动中获得越来越多，才能最终取得成功。

许多失败，其实如果肯再多坚持一分钟，或肯再多付出一次努力，是可以转化为成功的。但是往往就是因为一时的胆怯而放弃了，结果永远地失去了成功的机会。

一个人野心勃勃地跑到国外经商，希望能干一番大事业，但是不幸的是，一连几次他都失败了，赔得血本无归。甚至连回国的机票都买不起了。在万念俱灰之下，他想到了自杀。

正当他绝望地走在异乡的大街上的时候，一个穿着旱冰鞋的小男孩在人群中灵巧地穿梭，看起来像一个轻巧的精灵，三两下就来到了他的跟前。

“太厉害了，”他不由赞叹道，“你是怎样学会溜旱冰的呢？”

那孩子回答道：“哦，这很简单，跌倒了爬起来，爬起来再跌倒，反复多次就学会了。”

孩子说完以后，就轻快地滑着跑开了，这个刚才还充满绝望的人却如醍醐灌顶一样站在那里。

回到住处，商人一扫原来的颓废，用一种饱满的情绪重新投入到了工作中，因为他已经掌握了成功的唯一诀窍：失败了，再勇敢地站起来，就这么简单。

几乎所有的人都明白失败是成功之母的道理，但是到了现实生活中，却很少有人能做到正视这一点。我们可以肯定地说，失败是成功之母这句话不一定适用于每一个人，失败之所以是成功的一部分，主要是因为失败后人们所总结的经验教训可以为最后的成功带来帮助。但是这种宝贵的经验，只有那些勇敢的不惧怕失败的人才能获得，因为只有他们才有可能静下心来总结经验，而那些害怕失败的人都躲在角落里瑟瑟发抖呢！

在某公司招聘会上，应者云集。其中多为高学历、多证书、有相关工作经验的人。

经过三轮淘汰，还有20个应聘者，最终将留用9个。因此，第四轮总裁亲自面试，将会出现十分“残酷”的场面。

奇怪的是，面试考场出现了21个考生。总裁问：“谁不是应聘的？”坐在最后一排最右边的一个男子站起来：“先生，我第一轮就被淘汰了，但我想参加一下面试。”

在场的人都笑了，包括站在门口看热闹的老头儿。总裁饶有兴趣地问：“你连第一关都过不了，还来这儿有什么意义呢？”男子说:“您需要的是能为公司带来利益的人才，只要我可以，我觉得即使是我第一轮就被淘汰，我也应该有一个和总裁对话的机会。”

大家又一次笑得很开心，觉得此人不是太狂妄，就是脑子有问题。男子说:“我只有一个本科学历，一个中级职称，但我有10年工作经验，曾在12家公司任过职……”总裁打断了他:“你的学历、职称都不算高，工作10年倒是很不错，但你先后跳槽12家公司，太令人吃惊了。我不欣赏。”

男子站起身:“先生，我没有跳，而是那12家公司先后倒闭了。”在场的人第三次笑了。一个考生说:“你还真是个倒霉蛋！”男子也笑了:“相反，我认为这就是我的财富！我不倒霉，我只有31岁。”

这时，站在门口的老头儿走进来，给总裁倒茶。男子继续说:“我很了解那12家公司，我曾与大伙儿努力挽救那些公司，虽然不成功，但我从那些公司的错误与失败中学到了许多东西，很多人只是追求成功的经验，而我，更有经验避免错误与失败！”

男子离开座位，一边转身一边说:“我深知，成功的经验大抵相似，而失败的原因各有不同。与其用10年的时间学习成功经验，不如用同样的时间研究错误与失败；别人的成功经历很难成为我们的财富，但别人的失败可以是！”

男子就要出门了，忽然又回过头:“这10年经历的12家公司，培养、锻炼了我对人、对事、对未来的敏锐洞察力，举个小例子吧——真正的考官，不是您，而是这位倒茶的老人。”

全场20个考生哗然，惊愕地盯着倒茶的老头儿。那老头儿笑了：“很好！你第一个被录取了，因为我急于想知道——我的表演为何失败了？”

试想上面例子中的男子如果在第一次面试失败以后，就垂头丧气地回家，那么一次大好的机会就白白地丧失了。

我们总是说“失败是成功之母”，但是对于那些失败了却不知道总结经验、只是浑浑噩噩地继续生活的人，即使是失败了一万次也是不可能取得成功的。在失败中总结经验，在摸索中寻找机会，只有这样的失败，才是值得的，有价值的。

准确的目标定位

这里是非洲的马拉河，河谷两岸青草嫩肥，草丛中一群羚羊正在那儿美美地吃草。一只狼隐藏在远处，竖起耳朵四面旋转。它觉察到了羚羊群的存在，然后悄悄地，轻手轻脚地，慢慢地接近羊群。越来越近了，突然羚羊有所察觉，开始四散逃跑。狼像百米运动员那样瞬时爆发，像箭一般地冲向羚羊群。

它的眼睛盯着一只未成年的羚羊，一直向它追去。羚羊是跑得飞快的，狼跑得更快。在追与逃的过程中，狼超过了一头又一头站在旁边观望的羚羊，但它没有掉头改追距离它这些更近的猎物，而是一个劲地直朝着那头未成年的羚羊疯狂地追。那只羚羊已经跑累了，狼也累了，终于，在累与累的较量中，狼的前爪搭上了羚羊的屁股，羚羊绊倒了，狼牙直朝羚羊的脖颈咬了下去，它捕获了今天的食物。可以说，一切肉食动物都知道在出击之前要隐藏自己，而在选择追击目标时，总是选那些未成年的，或老弱的，或落了单的猎物。在追击的过程中，它为什么不改追其他显得更近的羊呢？因为它已经很累了，而其他的羊一旦起跑，也有百米冲刺的爆发力，一瞬间就会把已经跑了百米的狼甩在后边，拉开距离。如果丢下那只跑累了的羊，改追一头不累的羊，以自己之累去追不累，最后一定是一只也追不着。动物世界的这种普遍现象，也许是一种代代相传的本能，但它能启发人类效仿，在职场工作中，也要借鉴这种智慧。

一家美国大公司在招聘员工时，通常很注重考察应聘者的专心致志的工作作风。通常在最后一关时，都由总裁亲自考核。

现任经理要职的哈里斯在回忆当时应聘时的情景时说：“那是我一生中最重要的一个转折点，一个人如果没有专注工作的精神，那么他就无法抓住成功的机会。”

那天面试时，公司总裁找出一篇文章对哈里斯说：“请你把这篇文章一字不漏地读一遍，最好能一刻不停地读完。”说完，总裁就走出了办公室。

哈里斯想：不就是读一遍文章吗？这太简单了。他深吸一口气，开始认真地读起来。过了一会儿，一个漂亮的金发女郎款款而来，“先生，休息一会儿吧，请用茶。”她把茶杯放在桌几上，冲着哈里斯微笑着。哈里斯好像没有听见也没有看见似的，还在不停地读。

又过了一会儿，一只可爱的小猫伏在了他的脚边，用舌头舔他的脚踝，但他只是本能地移动了一下他的脚，丝毫没有影响他的阅读，他似乎也不知道有只小猫在他脚下。

那位漂亮的金发女郎又飘然而至，要他帮她抱起小猫。哈里斯还在大声地读，根本没有理会金发女郎的话。

终于读完了，哈里斯松了一口气。这时总裁走进来问：“你注意到那位美丽的小姐和她的小猫了吗？”“没有，先生。”

总裁又说道：“那位小姐可是我的秘书，她请求了你几次，你都没有理她。”

哈里斯很认真地说：“你要我一刻不停地读完那篇文章，我只想如何集中精力去读好它，这是考试，关系到我的前途，我不能不更专注一些。至于别的什么事我就不太清楚了。”

总裁听了，满意地点了点头，笑道："小伙子，你表现不错，你被录取了！在你之前，已经有50个人参加考试，可没有1个人及格。"他接着说："在纽约，像你这样有专业技能的人有很多，但像你这样专注工作的人太少了！你会很有前途的。"

果然，哈里斯进入公司后，凭借着自己的业务能力和对工作的专注和热情，很快就被总裁提拔为经理。

还有一则例子：

黄帅民是东莞速达科技有限公司董事长兼总经理，一个年仅30岁的亿万富翁。翻开他成功的简历，人们不难发现，目前中国许多成功企业家所拥有的经历，在他身上也能发现：白手起家，从打工仔到跑营销再到自己做老板、办实业。

他初到广东打工时，就懂得踏踏实实地做事的重要性。在工厂里，他心无旁骛，只知道低头做好自己的工作。一次，工厂的老板来巡视，黄帅民没有像其他工人那样抬头观看，而是一心一意专注于自己的工作。正是他的这种埋头苦干、专注的态度为他赢得了机遇。不久，他就得到赏识，获得了提拔。也就从那时起，他开始与外面有了沟通，能力也得到了持续的提高，从场务管理做到业务主管，知识和经验越来越丰富，此后逐步走向成功。

第二章

优胜劣汰　能者为王

自然界遵循着优胜劣汰、强者生存的自然法则。这个世界也永远属于强者，弱者能得到的只是一些同情和怜悯。而狼，虽不是兽中之王，但是它懂得怎样做强者，它们有极强的战斗力，甚至，它们的战斗力超过了比自己更为强大的老虎、狮子等。它们也知道怎样来保持整个队伍的精干和整体的素质的提高。

树立绝对的竞争意识

自然界中时刻都存在着竞争。不同物种之间要竞争，同一物种之间也要竞争。狼的兄弟之间，甚至是父子之间也存在着激烈残酷的竞争。

动物之间的竞争，大部分都是由食物引起的。不同物种之间存在着捕食与被捕食的关系，相同物种之间存在着争夺有限食物的竞争。有时候在一个动物家族中，一些弱小的也会因为不能争夺到足够的食物饥饿而死，它们的死亡不会得到同类的同情，因为在自然界中，没有竞争能力就不能生存。

在辽阔的草原上，每天当第一缕阳光出现，狮子和羚羊就开始进行赛跑，狮子发誓要追上羚羊，因为追上羚羊，它就可以把它们当作自己的食物。羚羊一定要跑得比狮子快，否则它就会成为狮子的美餐。羚羊之间也在进行着残酷的竞争，跑得最慢的羚羊成为狮子的食物，而其他羚羊就可以暂时幸免于难。这就是动物界之间的残酷竞争。

再回到我们的主角——狼。狼的竞争意识又一次让我感到震惊。狼的竞争意识并不仅仅源于本能，它们可以通过各种途径的学习来强化自己的生存本领，强化自己的竞争意识。

在狼群内部，阿尔法狼（狼族中的头狼）的位置，并不是谁都可以得到的，也不是按照年龄或者辈分去安排的，每只公狼都有竞争这个位置的资格，只有狼群中的最强者才能得到这个位置。

当狼群的后代们逐渐长大后，它们就会觊觎首领的位置。虽然狼群的首领是它们的父亲，它们也毫不心虚，因为狼群就是一个能者为王的世界；同时，在狼的兄弟之间也会展开激烈的竞争。

最后，最强大的公狼成为这个狼群的首领，而其他的公狼要么臣服于它，要么带领一部分狼自立门户，要么到处流浪，成为“孤独之狼”，或者加入其他的狼群。当狼群确立了新的首领之后，所有的狼都要接受它的领导。作为阿尔法狼，它具有绝对的权威，严格的等级秩序确保了狼群在安定的环境下生存。

在狼群与狼群之间也存在着激烈的竞争，一般在同一区域的所有狼群中，会有一个狼王，它具有统领这个区域所有狼的权力。当需要集体围猎时，狼王就会用嚎叫召集所有的狼。所有的狼都要无条件地接受它的统一部署。当然，这个狼王的位置也是各个狼群的首领们经过竞争决定的。

在狼群之间还存在着另外一种可怕的竞争，那就是对领地的争夺。由于自然界食物的有限和人类的杀害，狼群之间经常会为了争夺领地而大动干戈。每个狼群都有自己的领地，领地在狼心目中占有非常神圣的地位。它们用尿和气味来划分领地，但有的狼群会因为得不到足够的食物而侵犯其他狼群的领地。这种侵犯类似于人类的一个国家入侵另外一个国家。领地被侵犯的狼群当然不能容忍这种侵犯。

于是，不可避免地要在两个狼群之间展开一场争夺领地的战争。胜利的一方就是这片领地的主人，而失败的狼群则没有在这片领地上捕食的资格。两个狼群绝对不会为了避免牺牲而共享一片领地，战败的一方即使被饿死也不会屈服于其他狼群之下。

狼的竞争意识不仅是它们自身存在的保障，也促进了其他动物的身体机能的进化。同时，这种竞争意识也给了我们人类以鼓舞和信心。竞争是不可避免的。人与人之间的竞争不见得全是坏事，有时候通过竞争，可以让机遇之花遍地盛开，给你带来一个幸福的春天。古人有“并逐曰竞，对辩曰争”的说法，意思是说：你追我赶，对问辩论，就叫作竞争。人若不参加竞争，就不够紧张，不会活跃，内心深处的热情就调动不起来，你自己的潜能就发挥不出来。可见，我国古人对于竞争及其作用，已经有了相当的了解。但是在我们的意识里，总是以为竞争就是带着残酷和血腥的，所以，很长时间内只提倡团结合作，而不提倡竞争。其实，列宁就是竞赛和竞争的倡导者，他认为竞赛和竞争可以“在相当广阔的范围内培植进取心、毅力和大胆首创精神”。一个人在平等的竞争中，能够充分发挥自己的聪明才智，能够极大地发扬自己的创新精神和奋斗精神。因此，竞争可以成为催人上进、促人前进的有效动力。在心理学中竞争被视为能激发一个人自我提高的一种动机形式。

诺贝尔生理学和医学奖获得者罗歇·吉耶曼和安德鲁·沙利持续22年的竞争就是一个生动的事例。

沙利是波兰出生的美国科学家，吉耶曼是法国科学家。1955年，他俩不约而同地宣布了一个相同的基本发现——主张首先从下丘脑分离出垂体释放的“促皮质素的下丘脑因子”（CRF）。以前，他俩是在互不知道的情况下进行这一研究的，从此，一场分离CRF的竞争开始了。他俩谁都不甘落后，谁都想领先分离出CRF。经过持续22年之久的你追我赶和不断奋斗，虽然他俩都没有分离出CRF，然而，沙利首先分离、合成了“促甲状腺激素释放的下丘脑因子”（TRF）和“促黄体生成激素释放因子”（LHRF），而吉耶曼却领先分离、合成了“生长激素释放抑制因子”（SRIF）。他俩的这些科研成果，证实了脑激素的存在，不仅为控制某些重要疾病开辟了新的道路，而且为找出控制人口的安全方法提供了可能，成为神经内分泌学史上划时代的里程碑。鉴于这一系列重大成果，他俩荣获了1977年诺贝尔生理学和医学奖。他俩的激烈竞争，结出了丰硕的成果。

由此看来，有人把竞争比作人才成长的催化剂、加油站和压力器，是有一定道理的。

实际上，在我们的生活、工作中以及从事的各项活动中，都存在着各种形式的竞争。比如学生时期的考试，不仅升学考试要争个高低，平时许多考试也有竞争问题；至于各种各样的体育比赛、文艺大赛、各级各类的评优活动都是竞争的有形表现。即使不举行这种有形的竞赛活动，竞争仍然在无形地进行着：谁的工作业绩最突出？谁的演说口才最好？谁的动手能力最强？甚至谁经常受到单位领导的表扬？等等，都可能形成无形的竞争。因此，我们在生活和工作中应当自觉培养自己的竞争意识和竞争精神。

机遇之花在竞争之中盛开。当你获得一次竞争，你就获得了一次可贵的机遇。失败了，你可以积累经验，从头再来；成功了，你的信心会更加强盛，你会感受成功到来的喜悦。这样的事情为什么你要拒绝呢？

竞争意识比较强的人，勇于投入竞争，积极从事各项具有竞争性质的活动，竞争对于这种人的激励作用往往比较大，它可以进一步促使一个人确立目标和志向，增强自身的活力和动力，缩小自己能力与目标之间的差距，而且容易感到生活富有生气，奋斗充满乐趣。相反，一个竞争意识比较弱的人，或者是一个害怕竞争的人，往往会把竞争中一时的胜负看得过重，不容易理解“胜败乃兵家常事”的道理，更缺乏把失败看作成功的先导的胸怀，一旦遇到挫折，就想从该项活动中退出去。

当然，现在社会上有些人为了在竞争中取得胜利，不是通过正当手段，而是采取营私舞弊、借助权力、拉帮结派等不正当手段，这当然是一种错误的动机和行为。这种行为，使竞争变得失去公平，竞争的结果也就失去了真正的价值。这种动机使竞争者变得卑劣和低下，它即使让你获得一些暂时的机遇，取得一些成就，但是肯定不会有好的结果，因为这样越走越远，终究要将一个人引向歧途。

真正善于竞争的人，一般也是善于合作的人。现代社会，竞争往往不是人才个体之间的竞争，更多的是人才群体之间的竞争。在这样的人才群体中，人才个体之间必须搞好合作。这种合作可以提高人才群体在竞争中的优势，从而更好地投入竞争。我国首次人工合成胰岛素成功，使我国在这个领域走到了世界的最前面，使外国科学家十分震惊。他们问：“是谁搞出来的？”其实，这不是哪一个人的成绩，而是几十位科学工作者多年合作搞成的。这种联合起来促使竞争成功的事，在现在学术界举不胜举。现代的团体精神，是一种无往不胜的力量。

竞争，让你的机遇之花遍地盛开，经久不衰。

“狼子野心”不可少

由于将生存当作第一职业，狼的一生就是把不断地寻找新的猎物作为目标。正是这种“狼子野心”促使狼群不断地猎取大量食物，从而雄踞食物链的顶端。在狼看来，拥有野心、实践野心，与其说是出于自身生存与族群繁衍的需要，毋宁说是对于自我生命价值的高度认可。狼的血液里，奔涌着的是狂乱的野性；狼的胸腔里，跳动的是一颗不安分的心。狼是地地道道的、天生的野心家。人生存的过程其实和狼一样，也是完成一个又一个人生目标的过程。野心在人的一生当中是必要的，是成就梦想的第一步，没有一点野心的人，只会是个一无所成的可怜虫，只会在越来越激烈的竞争中被淘汰。

立志、工作、成就是人类活动的三大要素，立志是事业的大门，工作是登堂入室的旅程，这旅程的尽头就有个成功在等待着，来庆祝你的努力结果。

三国名相诸葛亮年轻的时候只是一个普通的书生，“躬耕于南阳”，他的叔叔在襄阳做官，几次邀请诸葛亮去为他效力，可是都被诸葛亮给拒绝了。

他的朋友们很不理解，读书不就是为了做一番事业吗？为什么这么好的机会却白白浪费？诸葛亮笑着说："我要做的是像古代的管仲、乐毅一样的大事，又怎么能屈居在小小襄阳做一个刀笔小吏呢？"

朋友们都认为他野心太大，诸葛亮只是一笑置之。后来，刘备听说了诸葛亮的才能，特意"三顾茅庐"把诸葛亮请下了山。在诸葛亮的帮助下，刘备从一个四处逃窜的"流浪军"首领，变成了"三分天下有其一"的蜀国皇帝。由此，诸葛亮也证明了自己的"野心"不是什么"痴心妄想"。

随着人类生产力的发展，物质生活水平的整体提高，社会生存的竞争也越来越激烈。要想在竞争激烈的社会上站稳脚跟，没有一点野心是行不通的。志当存高远，人的志向与成就从来是密切相关的。如果没有远大的志向，就不可能成就大业。一般来说，一个努力向上的人，对自己的要求高，取得的成就就大；而对自己的要求低，取得的成就则小，甚至一事无成。一个人即使身居陋室，但只要有远大的理想，崇高的抱负，并能奋然前行，就会干出一番大事业。

野心是迈向成功的第一步，现在很多人崇尚"知足常乐"的人生态度。固然，知足常乐可以作为一种生活态度，可以让人过得更轻松，但是却绝对不可以当作人生信条。我们生活在这个世界上，就必须不断地奋斗，不断地向另外一个目标前进。没有野心的人是可悲的，不管他多么有才华，没有了进取的信念，就只能成为一个庸庸碌碌的人。

刘锐和叶子考进了同一所全国著名的学校，在校学习期间，两个人都十分努力，成绩优秀。大学生就业越来越困难，幸运的是毕业的时候，一家国际知名的大企业到学校来招聘，两个人都顺利地过关斩将，成功地获得了仅有的两个待遇优厚的职位。

因为是校友，又到了同一个公司，两人自然就成了好朋友。

在别人眼里他们是幸运的，从一个普通学生一下子就跨入了白领阶层。叶子也是这样想，她对自己的工作十分满意，认为自己以前所有的努力终于有了回报。所以，她只是小心翼翼地在工作上努力做到不出一点差错，生怕丢了饭碗。

可是刘锐则不然，到公司以后，他的工作也很出色，颇受上司赏识。但是刘锐觉得这家公司不大适合自己发展，于是积累了一些经验以后，毅然决定辞去待遇丰厚的工作，打算自己下海打拼，临行前，刘锐和叶子打了个招呼。

“什么？你疯啦！好好地工作不做，辞职了没收入怎么办？做生意破产了怎么办？”叶子显然不理解刘锐的想法。

“工作了一段时间，我觉得应该出去闯一闯了，‘王侯将相，宁有种乎！’我也可以做一番大事业，也可以自己当老板！”刘锐充满信心地说。

“做人稳当就可以了，不要有那么大野心，而且我们现在的工资待遇已经很高了，别人想找还找不到呢！”叶子善意地劝说刘锐。

“叶子，现在竞争激烈，我们不能安于现状，人不能没有野心。你也一样，别老安于目前的状态，我看这家公司还是很适合你发展的，但你也要有个奋斗目标才行。”刘锐反过来劝说叶子。

最后，刘锐还是离开了公司自己闯荡去了，叶子依旧兢兢业业地保护着她那份“稳定的工作”。

两年后因为政策的调整，叶子所在的公司进行了一次大的人员调整，叶子虽然工作上没出过什么错，可是因为太“不进取”，被公司列在了裁员名单里，只好重新找工作。而此时，刘锐已经是一家公司的总裁了。

野心，简单点说或者语气缓和一点来说就是进取的欲望，一个没有梦想的人是可悲的，而野心是成就梦想的第一步。

上面的例子当中，刘锐因为觉得公司不适合自己的发展而毅然离开公司，寻找真正属于自己的理想，“野心勃勃”地去开创一番事业。诚然，这里面有失败的可能、有丧失稳定工作的风险，但却是迈向自己成功的第一步，使成功的可能变为现实。

也如刘锐所说，叶子其实也可以有一个好的前途的。她有坚实的知识基础和工作经验，但是为什么最后却落得个被裁员的结局？这不是运气的问题，也不是公正不公正的问题，关键就在于她没有想成功，没有想做大事业的野心。

现在的企业需要稳妥踏实的员工，但是更需要有活力、有创意、有进取心的员工！一个没有丝毫野心的人在工作当中必然是死气沉沉的，一群没有野心的员工组成的企业也将是一个死气沉沉的企业。试问，哪个管理者希望自己的企业成为一个丝毫没有活力、没有激情的牢笼？

在松下集团的菲律宾分公司，有一个主管以脾气暴躁著称，但是他手下的业绩却一直是一流的，原因就在于，他在招聘新员工或者激励下属的时候总是说："很多主管只希望自己的下属做好本职工作就可以了，我不这样要求你们，我甚至什么也不要求你们，但是如果你们不思进取，那么明天这里就没有你的位置；如果你有野心，有能力，那么我现在坐的这个位置就是你的，甚至我给你们当下属都可以！"

拿破仑是法国近代史上著名的军事家和政治家，1769 年出生于科西嘉岛阿雅克肖城的一个破落贵族家庭。

在那个年代，贵族子弟一般都过着奢靡的生活，整天花天酒地。

但是拿破仑并没有被眼前的安逸所牵绊，他有他自己的想法和野心。

1779 年，拿破仑到法国布里埃纳军校学习军事。1784 年，升入巴黎军官学校，毕业后被任命为瓦朗斯炮兵团少尉军官，时年仅 16 岁。

1789 年，法国爆发了资产阶级革命，拿破仑同情革命，一时成为雅各宾派的拥护者。由于受到当地亲英反法的保守集团的排挤，被迫举家迁至法国本土。一连串的打击并没有消磨他的斗志，反而令他的野心越来越膨胀。

1793 年 7 月，拿破仑带兵一举攻下了保王党的堡垒土伦，得到雅各宾派首领奥古斯都·罗伯斯庇尔的赏识，1794 年 1 月 14 日，被任命为少将、炮兵旅长。“热月政变”发生后，雅各宾派共有 103 人遇害，拿破仑亦受牵连，于 8 月 5 日被捕。后经审讯，无罪释放，但被免去少将、炮兵旅长职衔。拿破仑一时闲居巴黎。

后来，巴黎发生保王党人的武装叛乱。督政官巴拉斯请来拿破仑帮助平息叛乱。拿破仑用大炮一举击垮了叛乱者，挽救了危局。督政府晋升拿破仑为陆军中将、巴黎卫戍司令。一夜之间，穷困潦倒的拿破仑成为军界和政界无人不晓的大人物。

1796 年 3 月 2 日，年仅 26 岁的拿破仑被任命为法国意大利军司令官，从此开始了独立作战的生涯。崛起的拿破仑使督政府感到了威胁，督政府的官员们决定把他调到远离巴黎的地方去。拿破仑被任命为法国埃及军（东方军）司令官，拿破仑挥师东下，远征埃及。他希望借助新的胜利来实现自己的理想。

1799年8月22日，国内局势急转直下，人民怨声载道，拿破仑认为时机已到，立即率亲信离开埃及，返回巴黎。拿破仑发动“雾月政变”成功，成为第一执政。

1804年5月18日，拿破仑黄袍加身，宣告自己为法兰西第一帝国的皇帝，称号为“拿破仑一世”。

已经成了皇帝的拿破仑并没有满足，他指挥着法兰西大军横扫欧洲大陆，无人能挡。拿破仑的一生可以说是不断地产生野心与实现野心的一生。

不但如此，他还鼓励他的部下要有野心，在军官的编制方面，他一改以前平民不可以当军官的规定，号召每一个士兵都要有当将军的野心：“不想当将军的士兵，不是好士兵。”这一口号极大地鼓舞了士兵和平民的士气，拿破仑手下无数优秀的将官都是从普通士兵提拔起来的。

“不想当将军的士兵，不是好士兵。”拿破仑一句看似简单的话成了千古名言；陈胜还是个奴隶的时候就曾有过“王侯将相，宁有种乎”的壮语豪言；项羽小时候跟随叔叔看见秦始皇的车驾，说“大丈夫在世，理应如此！”最后他们都成功了，都在历史上留下了辉煌的一页，不仅仅是他们，历史上哪一个著名人物不是“野心勃勃”？

野心，是进取的动力；野心，是热忱的导火索；野心，是迈向成功的第一步。

勇气+行动=猎物

狐狸和狼是朋友，它总喜欢在狼面前吹嘘自己的狩猎技巧：“狩猎最重要的是讲究策略，要有针对性，这样才能以少胜多，以弱胜强。”一见面，狐狸就开始滔滔不绝。

一天，风和日丽，它俩决定去狩猎，中午见面的时候，狼拖了一头又大又肥的山羊，而狐狸则空手而归。

“今天真背，一只猎物也没看见。”狐狸有点脸红地说。这时候忽然草丛中蹿出一只兔子，狐狸眼睛一亮：“要想抓这个兔子，首先要注意断了它的后路。”没等狐狸说完，狼就已经冲了过去，一口咬断了兔子的喉咙。狼轻蔑地说：“如果只是空想而没勇气去做的话，那么你就只能等着被饿死。”

世界上有两种人：空想家和行动者。空想家们善于谈论、想象、渴望，甚至设想去做大事情；而行动者则是身体力行，真正去做！无数事实证明，想一万件事情也不如去做好一件事情。我们都不乏渴望成功的想象力，但是很多人却缺乏追求成功的勇气，也就是缺乏实干精神。

那么，如果你仍然还只是一个空想家，你怎样才能变成一个行动者呢？这一转变，如何才能发生呢？

首先，让我们来仔细看看，什么是空想家与行动者，两者又有怎样的区别。

行动者比空想家做得成功，是因为，行动者一贯采取持久的、有目的的行动，而空想家很少去着手行动，或是刚开始行动便很快懈怠了。行动者具备有目的地改变生活的能力。他们能够完成非凡的事业，不论是开创一家自己的公司，写一本书，竞选政府官员，还是参加马拉松比赛，以及其他事业。而与此形成鲜明对比的是，空想家只会站到一边，仅仅是梦想过这些而已。

是什么阻碍了空想家成就事业？难道只是因为对“开始”的畏惧？或是对失败的担忧？或者，是因为空想家不够聪明，缺乏智慧，能力欠缺，还是运气不佳？而究竟又是什么使行动者能够去做，从而成就了令人满意的事业，而空想家却注定了一个又一个的失败？答案很简单，不过，也很深奥。

答案只有一个，就是加强自己的自制力，拿出行动的勇气来。从空想家转变为行动者的第一步至关重要：“每天都尝试去做一点儿你原本不喜欢的事。”乍一看，这一建议似乎不合逻辑，不仅有点儿冒傻气，还带着点儿自虐的意味。然而，这句话却包含着丰富的人生智慧。

珍妮是一个长跑爱好者，每天早上都会做5000米慢跑。不论严寒酷暑，刮风下雨，她的晨跑总是坚持着。其实开始时，情况并非如此。珍妮曾经十分厌恶早起，每天早晨都赖在被窝里为起床与否做着激烈的思想斗争。她总是使出吃奶的劲头，才勉强从被窝里爬出来。

也许每个人都会有同感，早上在床上的每一分钟都是如此让人珍惜，很多次珍妮都又迷迷糊糊地打上几个盹儿。同样，珍妮也不喜欢跑步，尤其是长跑，觉得它又艰苦又乏味，还会让人腰酸背痛。因此，早起跑步，对珍妮来说无异于天方夜谭。

那么珍妮这个最不可能坚持下去的懒虫，究竟是如何转变成今天的长跑爱好者呢？原来，是一次偶然的机会，珍妮的祖父告诉她说，为了成为一个“行动者”，一定要有勇气做到自律。他解释道“不论我做什么，也不论我多么努力，如果我不能做到掌握自己，那么，将永远不能发挥出自己最大的潜力。”这便是祖父的“空想家”与“行动者”学说的核心思想，即克己自制，征服自己需要巨大的勇气。

祖父还引用他最喜欢的名人马克·吐温的一句话，来解释如何做到克己自制：“关键在于每天去做一点儿自己心里并不愿意做的事情，这样，你便不会为那些真正需要你完成的义务而感到痛苦，这就是养成自觉习惯的黄金定律。”祖父把这叫作“磨炼法则”，并鼓励珍妮说，只要能够坚持一个月，就一定能把自己改造成行动者。珍妮听从了祖父的建议，并选定了晨跑这件对身体有好处但对她来说是那么艰苦的差事，开始亲身实践祖父的“磨炼法则”。

珍妮的身体状况很差劲，从家门口到40码开外的信箱，往返一趟就让她气喘吁吁了。她的转变非常缓慢。每天的早起，却只能得到腰酸背痛的奖励，她有时会感到无比的畏惧。跑不了几步便气喘吁吁，上气不接下气。这样子下去，估计“磨炼法则”也很难生效了，珍妮的克己自制的目标也渺茫了起来。但唯一让她牢记心中的是，必须强迫自己坚持一个月！她做到了，一些意想不到的事情也就开始发生了。

随着身体状况的慢慢变好，跑步逐渐变得轻松起来，起床也变得不再那么艰难了。月底的时候，跑步这份苦差事似乎不再那么恐怖了，尽管早起仍然有点儿困难，有点儿费劲，但似乎可以克服。一切都变得越来越容易，越来越自然，直到最后，珍妮竟然不自觉地渴望晨跑！这时，她才开始真正感觉到，原来清晨长跑是一种享受。

“磨炼法则”对于培养克己自制的品质至关重要，克己自制则是充分发挥潜能的关键所在。自我控制并不单是一种非凡的美德，它更是使其他美德焕发光彩的源泉。掌握自己才能掌握一切。战胜自己需要最大的勇气，但是同时，战胜自己才是最完美的胜利。

罗斯福总统是一个意志坚定的领导人，他常常自诩为“自我塑造的人”。

小时候的罗斯福哮喘病缠身，身体虚弱得甚至无法吹灭床边的蜡烛。回忆童年，罗斯福总会这样形容自己：“一个体弱多病的男孩”，和“一段悲惨的时光”。小罗斯福视力欠佳，异常瘦削，他身体的状况糟糕得让他的父母不敢肯定他是否还可以活下去。不过，罗斯福还是活了下来。

罗斯福在回忆录中写道：“由于既虚弱又笨拙，所以我对自己毫无信心。我需要艰苦地训练自己的身体，更需要强化自己的意志和精神。”罗斯福明白，要想成为自己希望的那种人，则必须拿出勇气，通过磨炼来塑造自己。

记者亨利对罗斯福与自己的一番谈话记忆犹新：“关于我一生经历的各种战役，人们谈论很多。其实，最艰难的一场战役只有我一个人知道，那就是战胜自己的战役。”接着，罗斯福描述了这场如何驾驭自身的战役：“只有通过实践锻炼，人们才能够真正获得自制力。也只有依靠惯性和反复的自我控制训练，我们的神经才有可能得到完全的控制。从反复努力和反复训练意志的角度上而言，自制力的培养在很大程度上就是一种习惯的形成。”

罗斯福对自制力的训练贯穿了他的一生，也融入了他的日常活动中。即便是在总统任职期间，他也仍然坚持自己的实践训练。在他入主白宫的那些日子里，就像罗斯福自己所说的那样：“我总是在下午尽量抽出几个小时进行体育锻炼——打网球，骑马，有时也行走在崎岖的乡间小路上。”在给朋友的一封信中，罗斯福写道：“今天上午，在白宫接待处，我与6000个人握手；下午，我与4个孩子以及他们的十几个表兄弟和朋友们一起痛快地骑马两小时。我们跨越栅栏，穿过山丘，一起在平地上飞奔。”

罗斯福从不浪费时间，在没有特殊事情需要处理的时候，他喜欢读书或是给朋友们写信。罗斯福也是一个崇尚行动的人，他更愿意参与而不仅仅只是旁观。他曾这样拒绝了一次观看棒球比赛的邀请：“我可不愿意坐上两个半小时，而只是为了观看别人做事情。”不论是朋友还是敌人，都一致公认罗斯福的果断和坚韧，以及他对于别人托付任务的高度负责。所有这些品质，都源自罗斯福的自制力。

给予行动者动力的，同时也是阻碍空想家进步的，那都是同样一件事物——习惯！习惯是什么？习惯是你的终身伴侣，习惯是你最好的帮手，习惯也可能成为你最大的负担。习惯会推着你前进，也可以拖累你直至失败。习惯完全听命于你，而你做的事情中，也会有一半要交给它，因为，习惯总是能快速而正确地完成任务。

习惯很容易管理——只要你严加管教。请准确地告诉它你希望如何去做，几次实习之后，习惯便会自动完成任务。习惯是所有伟人们的奴仆，也是所有失败者的帮凶。伟人之所以伟大，得益于习惯的鼎力相助，失败者之所以失败，习惯的罪责同样不可推卸。习惯不是机器，除了像机器那样精确工作外，习惯还具备人的智慧。你可以利用习惯获取财富，也可能由于习惯而遭到毁灭——对于我们而言，二者毫无区别。

让我们走出空想的藩篱，勇敢地战胜自己，成为一个真正的实干家。

坚持到底，永不放弃

在草原上，羊群是狼最喜欢的攻击对象，但随着人类对羊群的保护，狼攻击羊群变得越来越困难。因此，野生的羊群是狼绝对不想放过的目标。而快速地奔跑是野生羊逃脱食肉动物攻击时最有效、也是唯一的武器。狼奔跑起来，速度惊人，但和野生羊群相比，还是略逊一筹。然而，不到最后时刻，狼是不会选择放弃的！在狼的生命意识里，放弃就意味着投降，或是坐以待毙。无论是在等待猎物，还是面对困境，坚持到最后一刻，已成为狼生存的哲学之一。因为狼深深地懂得，成功的出现，往往就在最后僵持的那一刻。如果在成功降临时放弃了，狼的生命也会随之倒下，而前面所做的一切努力也就白白浪费……

第二次世界大战后，功成身退的英国首相丘吉尔应邀在剑桥大学毕业典礼上发表演讲。

经过邀请方一番隆重但稍显冗长的客套之后，丘吉尔走上讲台。只见他两手抓住讲台，注视着观众，大约在沉默了两分钟后，他就用他独特的风范开口说：“永远，永远，永远不要放弃！”接着又是长长的沉默，然后他又一次强调：“永远，永远，不要放弃！”最后，他在再度注视观众片刻后回座。

场下的人这才明白过来，紧接着便是雷鸣般的掌声。

这场演讲是成功演讲史上的经典之作，也是丘吉尔最脍炙人口的一次演讲。丘吉尔用他一生的成功经验告诉人们，成功根本没有秘诀，如果有的话，就只有两个：第一个是坚持到底，永不放弃；第二个就是当你想放弃的时候，回过头来照着第一个秘诀去做，坚持到底，永不放弃。歌德也曾用激励的语言这样描述坚韧不拔的意义："不苟且地坚持下去，严厉地驱策自己继续下去，就是我们当中最渺小的人这样去做，也一定会达到目标。因为坚韧不拔是一种无声的力量，这种力量会随着时间而增长，是任何失败和挫折都无法阻挡的。"身在职场，不管你从事什么样的工作，也不管你做的是什么样的事，只要放弃了，就没有成功的机会。不放弃，就会一直拥有成功的希望。如果你有99%想要成功的欲望，却有1%想要放弃的念头，这样也没有办法成功。人们经常在做了90%的工作后，放弃最后让他们成功的10%。这不但会输掉开始时的投资，更会丧失最后成功时的喜悦。想真正地做成一件事情，需要你有锲而不舍的精神。不管我们想在哪个领域做成什么事情，一旦你认准了目标，那就一定要坚持不懈地做下去。要想获得成功，必须拥有积极的心态、必胜的信心。在每一个人的人生旅途中，在每一个人积极行动的过程中，一定会遇到许多问题和困难，只有坚持永不放弃的精神，不断地自我激励，才能战胜自己，战胜困难，最后达到自己的目标。要知道，有时拥有金子的生活可能离我们只有一步之遥。

在一个展览会上，德拉蒙德教授看了一座很有名的金矿的玻璃模型。这个金矿原来的主人在他认为可能富含金矿的地层里挖掘了一条1英里长的隧道，花费了100万美元，历时一年半，但他还是没有找到黄金。他决定放弃，于是把这个金矿卖给另一家公司后，便坐火车回家了。而那家公司只是在距原来停止开采的地方挖远了一米，就发现了金矿砂。

到20世纪初为止，世界上的任何发明都比不上蒸汽机给人类命运带来那么强大而深远的影响，而瓦特被称为蒸汽机之父。但事实上，早在公元1世纪，希腊发明家希罗就制造了一种蒸汽锅，那是用蒸汽来推动的。这个设备粗糙而原始，但是已经蕴涵了蒸汽机的基本原理。如果这个古代的实验者能够沿着这个发明的思路再坚持一下，再改进一点，也许人类机械发明的历史将会提前2000年。

1688年，丹尼斯·帕皮恩就发明了圆柱体内的密封活塞，后来，托马斯·纽可门发明了压力发动机，这两个离蒸汽机这一伟大的创造都只有一步之遥。但是，只是等到瓦特集中其全部的精力、智慧和耐心，沿着纽可门那粗糙的发明做进一步探索时，19世纪的改良蒸汽机才被制造出来。

早在1774年，电报机的原理就被发现了。而莫尔斯教授是第一个为了人类的福利应用这一原理的人。他于1832年开始实验，在获得发明专利权后经过5年，他又面临着另一个巨大的阻碍。直到1843年，美国国会会议的最后一天才同意资助他3万美元的研究经费。莫尔斯用这笔钱建造了世界上第一条电报线，介于华盛顿和巴尔的摩之间。也许世界上很少有发明像电报这样，对人类的福利产生了如此重大的影响。

美国最早的汽船发明人约翰·菲奇曾经穷困潦倒，衣衫褴褛，受尽嘲讽。他受到大人物的排斥，受到富人的阻挠，甚至在善良人的眼里，他也被当作疯子来可怜。但是，菲奇和他的朋友一直坚持下去，1790 年，他们在特拉华州有了一艘汽船，它顺流时时速为 6 英里，逆流时时速为 8 英里。菲奇的这一发明要早于富尔顿汽船 20 年左右。

火车机车发明人乔治·斯蒂芬森细心地发现了别人设计中的缺陷，通过对细节的认真研究，找到了一种改进的办法。而在这一过程中如果缺乏足够的毅力，他肯定会失败。最后，在 1815 年，他制造出了一种新式机器——“喷气比利”，是真正经济耐用的机车。但是，在获得真正的成功和大众认同前，他还有一场硬仗要打。其他人好像对这种产品的普及缺乏足够的信心，而他本人是唯一对这种交通方式的前景持乐观态度的人。虽然当时有很多的阻碍，他还是于 1830 年又制造了一个叫“火箭”的火车头，其原理与我们今天使用的普通火车机车一样，穿行在利物浦和曼彻斯特之间的铁路上，造成了轰动性效果。最后，他终于获得了成功。

斯蒂芬森并非是铁路的首创者，也不是第一个想到要用蒸汽机推动机车的人。这些特征在早期的“特里维斯克”机器上就已经出现了。假如特里维斯克能够花些心思改进他的机车的缺陷，就像他事业的继承者所拥有的这一优秀个性一样，那么可能就是他而不是斯蒂芬森被称为现代机车之父了。

如果你天生没有坚定执着的这种个性，那么你一定要后天培养它。有了这种个性，你才能成功，才能战胜困难，才能克服消极、怀疑和彷徨的情绪，才能具有自信。没有这种个性，即使是有最为卓越的天才个性也不能保证你成功，而且很可能你的结果是败得一塌糊涂。

第三章

狼群无敌　团队制胜

狼是最具团队精神的兽群。他们分工协作，团结一致，众狼一心，在协作中遵循自己的游戏规则和铁一般的纪律。它们善于沟通，彼此忠诚，为团队荣誉而战。狼族的这种品质是一个组织成败的关键。我们要想成为“头狼”，就必须通过对狼族的了解，学会团队竞争中所需要的全部智慧，比如合作、分工、沟通、分享、感恩、荣誉，等等。这些都是我们从弱狼成为头狼，从失败走向成功的必要元素。

合作就是一切

狼群最伟大的品质就是他们的合作精神，我们几乎可以将狼群的行动看成是“合作”的隐喻。狼之所以伟大就是因为它们的合作精神。

当一群狼为追捕猎物而穿越广阔无垠的雪地，一只狼紧接着另一只狼在雪地中慢慢行进。这时只有广阔的大地、如银的白雪与坚韧的狼群交映生辉，这是一幅多么壮丽的场面啊！

当狼群穿越雪地时，最常使用的队形是“单一纵队”，狼群里头狼往往扮演着开路先锋的角色。由于需要在雪地中寻找猎物，又要警惕其他天敌的攻击，头狼还要不断推开眼前柔软无边的雪堆，这样会消耗极大的体能。

当纵队的头狼疲累之后，它会移往队伍旁边，并让下一只狼担任开路先锋的任务，它就可以跟在队尾，轻松一下，养精蓄锐，迎接新的挑战。如此，不断替换的开路先锋，让参加捕猎的队伍成员能够在耗费最少体能的状况下，保留体力以应付即将面对的狩猎挑战。

狼从来不靠运气行事，它们对即将实施的行动总是具有充分的把握。当狼群在雪地中不得不面对比自己强大的猎物时，单列行进的狼会改变阵势，对敌人群而攻之，直到把猎物变为食物为止。在攻击时，每一只狼都会尽心尽力，而不管自己是否会受到伤害。

狼群从来不会漫无目的地围着猎物胡乱奔跑、尖声狂吠。它们总会制定适宜的战略，通过相互间不断地进行沟通将其付诸实施。关键时刻到来的时候，每只狼都明白自己的作用并准确地领会到集体对它的期望。

阿尔法公狼在担当组织和指挥捕猎时，总是选择一头弱小或年老的驼鹿或麝牛作为猎取的目标。开始时它们会从不同方向包抄，然后慢慢接近，一旦时机成熟，便突然发起进攻；若猎物企图逃跑，它们便会穷追不舍，而且为了保存体力，往往分成几个梯队，轮流作战，直到捕获成功。

今天是合作的时代，单打独斗的时代已经成为过去。任何人，任何企业都需要与他人合作才能完成使命。

合作，对一个企业来讲有对外对内两个层面的含义，即企业之间的合作和企业内部的合作。在市场竞争日益激烈的环境下，一种全新的企业之间的“竞合”浪潮逐渐在经济界、企业界形成，并逐步替代过去那种你死我活的单纯竞争。既合作，又竞争，在竞争的基础上进行更广泛、更深入地合作，以共同推进企业发展与繁荣，达到“双赢”的目的是“竞合”的基本特征。“竞合”强调的是与对手的合作，以互利和双赢为目标，在品牌、技术、管理等企业诸要素上优势互补，共同关注培育和维护共同的市场，求同存异，尊重对方的企业文化和管理方式。合作就是这种新型企业关系的前提和基础。

合作精神已经成为现代企业的核心竞争力之一。在企业内部，随着知识经济时代的到来，知识、技术不断更新，企业管理层所面临的情况也越来越复杂，单靠个人能力已很难完全处理各种错综复杂的信息并采取切实高效的行动，所有这些都要求组织成员之间进一步相互依赖、相互关联、共同合作。一个人的能力有限，一个企业的实力也有限。合作不仅增强个人的能力，提高企业的竞争力，还可以达到 1+1>2 的效果，使个体思想观念一致、感情融洽、行动协调，使群体的功能大于个体功能之和，使企业整体方向一致，内部优势组合，产生良好的工作效果。

合作的能力已经成为评价一个职业经理人的重要指标。就像爱和友情一样，合作也是必须付出才能得到的东西。很多时候要换位思考，从对方的角度考虑问题，多体谅对方的难处。合作是相互的，合作的效果取决于双方的态度。合作应该从自身做起，保证自身个性平衡，避免走极端。在集体工作中争取主动，多帮助别人；在同事中，寻找积极的品质，保持足够的谦逊，多向别人学习，经常反思自己的不足，在别人的行为理应得到尊敬时，向别人致以诚挚的敬意。

下面有一个团队合作的小故事。

有一个装扮像魔术师的人来到一个村庄，他向迎面而来的妇人说：“我有一颗汤石，如果将他放入烧开的水中，会立刻变出美味的汤来，我现在就煮给大家喝。”

这时，有人就找了一口锅，有人提了一桶水，并且架上炉子和木材，就在广场煮了起来。这个陌生人很小心地把汤石放入滚烫的锅中，然后用汤匙尝了一口，很兴奋地说：“太美味了，如果再加入一点洋葱就更好了。”立刻有人冲回家拿了一捆洋葱。陌生人又尝一口：“太棒了，如果再放些肉片就更香了。”

又一个妇人快速回家端了一盘肉来。“再有一些蔬菜就完美无缺了。”陌生人又建议道。

在陌生人的指挥下，有人拿了盐，有人拿了酱油，也有人拿来其他材料……当大家一人一碗蹲在那里享用时，他们发现这真是天底下最美味好喝的汤。其实，那只不过是陌生人在路边随手捡到的一颗石头，只要我们愿意，每个人都可以煮出一锅如此美味的汤。当你贡献自己的一分力量时，众志成城，汤石就在每个人的心中。

衡量一个企业是否有生命力、是否有发展前景，到底看什么？是看这个企业的理念有多么先进，还是看这个企业的资金有多么雄厚？是看这个企业的科技含量有多高，还是看这个企业拥有多少知识分子、拥有多少高科技人员？也许大部分人都认为，这些都不是决定因素，关键还是要找出企业内部的决定因素。而这个决定因素就是企业是否有团队精神，企业的员工是否具有团队意识。聪明的企业家无不懂得：最能体现其管理思想的正是那些具有团队意识的员工。一个有生命力的企业，正是具备了具有凝聚力的团队精神的企业。

没有“合作精神”的企业，一切美好的想法和愿望都将成为“零”；没有团队意识的员工，无论他的学识有多高、技术有多精、学历有多深，都将不会朝着对组织有利的方向发展的，一切才华、学识对于这个企业来讲或许都是零。我们强调“合作精神”的重要，并非否定那些先进的企业理念、雄厚的资金基础、高科技的含量和知识的重要。

但是必须要清楚地认识到，先进的理念固然重要，如果贯彻不下去，没有接受这些理念的员工，那不就等于零吗？雄厚的资金固然需要，如果落到贪官或者私心太重的领导、员工手中，得不到合理的运用，像养了一群硕鼠，则会把企业掏空的啊！科技含量再高、知识分子再多，如果十个人十条心，你做你的我想我的，才能不去发挥，知识不去运用，只练不做，整天心思都用在整人和制造谣言、矛盾上，你说这不又等于零吗？

只有具备“合作精神”的企业，才会形成向心力、凝聚力和创造力。即使思想理念暂时偏于落后，企业资金状况偏于紧缺，技术含量偏于过低，但是俗言讲得好啊“三个臭皮匠，超过一个诸葛亮。”只要大家心往一起想，劲往一块使，有困难就靠集体的力量克服，没有的东西就会创造出来，缺少的东西会去补上，就会战无不胜，这样的企业就会显示出无穷的魅力。

中国革命胜利的实践也证明，树立一种具有凝聚力和革命目标的“团队精神”的人民军队，才会战无不胜。毛泽东曾经强调：“我们都是来自五湖四海，为了一个共同革命的目标，走到一起来了。我们的干部要关心每一个战士，一切革命队伍的人都要互相关心互相爱护……”这些发人深省的箴言，告诉人们，团结、互助、友爱才能增强革命军队的凝聚力，这不正是倡导“合作精神”吗？相反，几百万装备精良的国民党精锐军队的垮台，不也正是他们缺少团结向上的“合作精神”的结果吗？

在日本企业界，无论是“松下”“丰田”这些有名的大企业的起家，还是一些小作坊的经营，都在倡导团队精神，并用在经营上，成效显著。在足球场上，世界任何大牌教练、大牌俱乐部，在注重发挥球星作用的同时，都在极力倡导“团队精神”，并总把“合作精神”放在首位，因为他们知道，只有树立起球员的团队意识，才能更好地发挥球星的作用。足球场就像一个企业，最能体现的就是“团队精神”。记得足球教练米卢在分析中国媒体吹捧某一“球星”时，一语道破天机：“按照他的个人素质，理应成为世界级的球员，可惜他还欠缺与队友配合的意识，他不大能融入整个队伍中，也就是说他不是一个能为团队做出最大贡献的球员。”而米卢认为，对世界级球员的衡量标准首先就是“团队精神”，这或许正是他的用人之道和神奇所在。米卢的思想不仅对足球有辅导作用，而且对任何企业用人都有可借鉴之处，寓意深刻。

“团队精神”说到底，是体现在人的身上。倡导“团队精神”，就需要有团队意识的“人才”。专家、学者可以学出来，可“人才”不是学出来的。“人才”在很大程度上，有思想品质的成分。我们所说的人才，除了要具有某方面的特长外，还需要具有良好的思想品德，即具有为团队付出的精神。片面将专家、学者等同于“人才”，是机械的笼统的，是不利于倡导“团队精神”的企业发展的。

几年前，一个朋友在谈起他的企业要录用几个大学毕业生时说：他宁愿要一个学历低一些、品质好、有全局意识的、有可塑性的毕业生，也不会要一个思想品质差的专业尖子。朋友用人之道，现在想想，的确有一定的实际意义。

具有团队意识的员工不是喊出来的，不是后期发展、树立起来的，在很大程度上是从小培养起来的。一棵小树要成材，如果从小树干弯了，长大后就很难做栋梁之材了。对于人才的培养和使用也一样，如果你所用的是从小就缺少团队意识的员工，当他走进你的单位后，就很难融入这个组织之中，也很难在他身上体现出“团队精神”。即使他的学识、业务水平很高，但他的傲气、恶习，很难发挥出应有的作用，即使出了点成绩，也会因他给你带来企业管理上的弊端，影响了你的企业的长远发展，从某种意义上讲，弊大于利。在一个企业规章制度比较健全的单位里，用人必须全方位地考察，如果只看点不看面，只注重局部不考虑整体，只看现象不管本质，只看其业务忽略了修养，都将带来不堪设想的恶果。

聪明的企业家无不懂得：最能体现其管理思想的，是那些具有团队意识的员工。一个有生命力的企业，正是具备了具有凝聚力的“团队精神”的。

团队精神也是狼的精神，也就是拼搏的精神，团结的精神，战斗的精神。

团队永远是第一

在夜里，没有哪一种声音比狼群异乎寻常的嚎叫更阴森、凄楚、可怕的了。在狼的团队里，每一只狼都有各自的任务，都在通过发挥自己的才智和力量来肩负起对团体应尽的义务。虽然狼也有想做王的愿望，但是狼知道它是属于这个团队的，团队的利益永远是第一的。

在团队里，每个成员都干着共同的事业，但同时又都干着和其他成员不同的事情。所以，要建立一整套科学的制度，使管理工作和人们的行为制度化、规范化、程序化，这是工作协调有序、高效运行的重要保证。还要培养沟通宽容与遵规守纪，开拓创新与勤奋敬业，挥洒个性与全局观念的品质和机制，形成井然有序、生动和谐的氛围，在新的目标下，让每一个成员都拥有和表现特长的平台，去创造业绩。

在现代企业，培养团队精神越来越受到重视。没有高度统一的团队精神，没有全体参与者的默契与分工合作，要完成一项事业是不可能的。

团队精神是指为了实现某一个目标，而由相互协作的个体所组成的群体表现出来的精神。团队业绩是成员共同贡献的集体成果，团队在强调个人服从整体的同时，不排斥个人利益。在这样的团队中，每个成员都能受到尊重和重视，同时，每个成员也要尊重和重视他人。为了共同的目标，自觉认同担负的责任，心甘情愿为此而奉献。

共同的事业目标是团队精神的动力，是把人们凝聚在一起奋斗的方向。只有目标一致，才会形成坚强的团队，才能鼓舞人们团结奋进。

怎么看一个企业团队第一？看它的产品营销，看它赚多少钱，看它代表人物的风姿，看它的规模、气魄……都有道理。但这些都只是有关当前状况的一些表面参数，并不是内在的本质特征。一个企业的本质在于它的生命力，即这个企业有没有一个精神抖擞、能征善战、胸怀大志、后继有人的团队。那种只求一时辉煌，不管明天如何的行为，严格地讲，并不是典型意义上的现代企业行为。

有不少企业家，不能说在他们身上没有才智、思路、胆识、技巧。他们能够把企业做起来，做到一定规模，打出知名度，应该说是企业的有功之臣。企业的成就，同企业家个人的优秀品格和才能不可分割。但优秀企业家在自我肯定之余，往往也很明白，他们之所以到达今天这个高度，同团队的奋斗也是分不开的。团队之中有些人的优秀程度，不在自己之下。可惜的是，有的企业家只顾自己表现，处处突出自己。他们热衷于眼下热闹，忘记了可持续发展。他们缺少远见，胸无大志，缺乏对企业的长远打算。

没有人反对一个企业家正常的私利需求和必要的统帅风度。问题是这种需求和风度应该得到企业内大多数人认同与支持。为此，企业家应不应该同企业骨干心连心呢？应不应该充分肯定团队的作用呢？或者说，至少，应不应该同他们深交呢？

如果企业家真正在做现代企业，这一要求不仅不过分，恐怕还是不够的。现代企业要求培养人才，企业家即使是为了自身企业的利益，也有责任去实现这一要求。事实上，不少企业家对此已有强烈的意识，他们在赚钱的同时，至少拿出一半的精力关注并鼓励团队的成长。韦尔奇、柳传志形象的广为扩散，就充分说明企业界对培养人才一事的热烈响应和强烈追求。

不应该要求所有企业家都能培养人。因为培养人，身教重于言教。由此，自然要问一句：那么，企业家自己又怎么定位？他们靠什么去培养人才？他们要培养的又是什么样的人？不少企业家求贤若渴，却最终硬是一个人才都留不住。不少企业家大谈特谈培养之事，却最终总是形不成一个像样的团队。

做企业，能不能赚钱是根本；能不能出人才，更是根本。如果战略方针已经确定的条件下，团队的优秀程度就自然成为能否赚钱，赚多少钱的决定因素了。更不用说后续发展之类的话题了。当然，所谓优秀人才，首先是对企业的忠诚和远见。所以，在真正优秀的企业家心中，能够让他反复念叨的，只有四个字：团队第一。

沈祥福在国奥队强调“团队精神第一”。“对于球员在训练中的表现，我感到非常满意，因为每个人都表现出了积极向上的态度。”虽然自己的第一次训练狠了点，不少队员都觉得有些吃不消，不过沈祥福还是为队员都能坚持下来感到满意：“这种精神是每个球员必备的，更是国奥队战斗力的保障。”

最让沈祥福欣慰的，还是孙吉、马亮、吴伟安这几名落选亚运会大名单的球员的表现：“你们也都看到了，他们并没有受到这件事情的影响。在训练中一如既往地投入，他们表现出了应有的态度，因为他们知道，他们始终是国奥队中的一员。”

“在队员中做出取舍，对一名教练员来讲是最困难的，因为他必须抛开一切感情因素的影响。从中青队开始，这批队员一直都是我带的，要说感情对谁都一样，但最终我们必须做出选择。”面对必须做出的人员变化，沈祥福如此说，“这些球员也非常懂事，非常珍惜参加国奥队集训的机会。像高明、阎嵩和于涛虽然有伤，但是他们在全队的业务学习上跟队友有很多交流，这对年轻队员本身就是一种提高。更重要的是，这可以增加他们的团队精神，这也是提高国奥队战斗力的重要保障。”

仔细观察一下，你也许会发现企业里存在这样的现象：员工士气低落，牢骚怨言多，领导刚愎自用等。这些现象很容易导致企业生产力降低，员工流失，这可能是团队情商的低下所致。团队情商的低下会影响企业的实际盈亏，严重时甚至可能影响企业的生存。所以，企业管理者必须对团队情商进行有效的管理和控制。

鲁伯夫说：“企业界在本世纪经历了剧烈的变化，情感层面也产生相应的改变。曾经有很长一段时间，受企业管理阶层重用的人必善于操纵他人。但是到了20世纪80年代，在国际化与信息科技化的双重压力下，这一严谨的管理结构已经逐渐瓦解。娴熟的人际关系技巧是企业的未来。”领导不等于压制，而是说服别人为一个目标共同努力的艺术。

高情商团队的企业可将不满转化为建设性的批评，创造一个和谐的工作环境，形成高效率的合作网。在一个低情商的团队中，各成员的才能就很难得到充分发挥。他们的能量都在内耗之中消耗了。作为一个高情商团队的领导，应该允许并且倡导员工拿一个大镜子，照出企业内诸多方面的瑕疵。职员应该总是有机会有渠道向他们的上司表达自己的看法，哪怕这种看法并不是正确的。这样，可以有效地缓解员工的不满情绪，引导大家达成共识，从而提高劳动生产效率。同时，集思广益，可以有效地避免企业出现重大决策失误。还应该注意统一企业内部的不同思想，即使统一不了，也要保证异己者的发言权。这虽然是老生常谈，但却有很多企业并未做到这一点。一个企业要善于协调与合作，这样才能塑造出高情商团队，这需要一群人集合起来共同努力，必须贡献出各自不同的才华。团队的表现也许无法超出这些个别才华的总和，但如果内部工作不协调，团队的表现就可能大打折扣。

耶鲁大学心理学家罗伯特·斯登伯格和研究生温蒂·威廉姆斯做过一个研究：他们伪称一种销售前景看好的新式代用箱即将上市，请几组人各设计一套广告，结果发现，如果一个团队有一些低情商的人，整个团队的进度就可能停滞。比如，落后一组的个别人特别热衷于表现自己，喜欢控制或主宰别人，另有个别人缺乏热情。研究发现，影响团队表现的重要因素在于成员是否能营造和谐的气氛，让每个人的才华都充分发挥出来。一个低情商的团队中如果存在着严重的情感障碍，比如恐惧、愤怒、恶性竞争、不平等待遇等，各成员的才能就很难得到充分的发挥。

在当今分工日益细致的社会中，每一个人的才能和精力都是十分有限的。每一项成功的事件，都必须要汇合众多人的劳动和智慧。因此在一个团队中取得成功，最重要的一点是能否有效地利用群体的智慧。

一些员工对工作没有热情，缺乏主动性，拖拖拉拉，而且整天抱怨领导和企业。这样的员工到处都有，这种想法和做法非常损害团队精神。不知你有没有注意到，通常一个公司或企业里业绩好的员工从不抱怨从不消极，而业绩差的员工总是抱怨、消极和懒散。这是一个恶性循环，最后对谁都没有好处。

不要去埋怨别人、埋怨企业、埋怨社会，要多去想想自己身上的问题：你认真学习了吗？你勤奋工作了吗？你积极付出了吗？我们每个人都要用积极的态度去适应变化，要用创造性的思维去思考，更重要的是要勤奋工作，你才能改变现状。勤奋不是三分钟热情，而是一种持之以恒的精神，需要坚韧不拔的性格和坚强的意志。请记住：你想收获多少，你就要付出多少；你想企业为你付出，你就得首先为企业付出。

主动，就是不用别人告诉你，你就能自觉出色地完成任务。作为团队的一员，你不是被动的“机器人”，而是一个独立的个体，有自己的思想，并且有责任告诉自己该做什么，该怎么做。主动要求承担更多的责任或自动承担责任是优秀员工必备的素质。在大多数情况下，即使你没有被正式告知要对某事负责，也应该努力去做好。如果你表现出胜任某种工作，那么责任和报酬就会接踵而至。

勤奋、敬业、忠诚、主动精神是一个优秀的团队最需要的个人精神。有了这些，企业将战无不胜。而在实际工作中，能集这些精神于一体的并不是很多，优秀的人才总是少数，但他们却是一个团队的骨干。一些员工总认为自己和领导只是一种商业交换关系，无须感激领导，甚至对领导抱有仇视心态，这是领导和员工之间矛盾紧张的主要原因。事实上，勤奋、敬业、忠诚、主动并不仅仅有利于你公司和领导，真正的最大受益者是你自己。

木桶定律与整体效能

狼在教育小狼的时候，在小狼有了独立生存能力后，就很坚决地把它们赶出群体。这样，既能让小狼独立成长，又能使群体不会失败。因为一个团队实力的大小，是和每一个成员都有着很大关系的。一个团队就像一个木桶，所以他们不会让任何一个狼成员成为团队木桶中最短的那一块木板的。

众所周知，一个木桶能盛多少水，不是取决于桶壁上最长的那块木板，而是取决于桶壁上最短的那块木板，这就是我们所说的“木桶定律”。围绕着这个核心内容，木桶定律还拓展出三个推论：只有构成木桶的所有木板都足够高，木桶才能盛足够多的水；所有木板比最低木板高出的部分都是没有意义的，高得越多，浪费越大；要想增加木桶的容量，应该加高最低木板的高度，这是最有效也是最直接的途径。对于推论可以理解为，要想盛满水，不是增高那些长木板，而是应该对最短的木板下功夫，依次补齐。

谈到木桶定律的应用，我们可以先对它所应用的对象做一个明确的分类。木桶定律的应用对象，可以分为组织和个人两种。这里，我们将主要谈到木桶定律与团队精神，因为团队精神是组织和个人共同努力的结果，团队建设也是组织和个人互动的过程。

木桶定律可以启发我们对团队建设重要性的思考。在一个团队里，决定这个团队战斗力强弱的不是那个能力最强表现最好的人，而是那个能力最弱表现最差的落后者。

因为，最短的木板限制了长木板的作用，决定了整个团队的战斗力，影响了整个团队的综合实力。所以，只有想办法让短板子达到长板子的高度，才能完全发挥团队作用。

说到木桶定律，我们就不得不谈到系统的概念，因为“木桶定律”的现象是系统现象中的一种。

木桶定律可以启发我们对构成系统的各个要素的思考，比如一个生产流程，一种商业运作模式，一个组织系统中的各个要素等。

可以想象，如果在生产中少了一个流程或是某个流程不合理，那么生产出来的肯定是废品。

就算是一道好菜，也要求添加的各种作料必须都是最好的，否则这道菜烧出来就不那么可口了。

一锅鱼汤是否鲜美，不是决定于有多少好鱼，而是由那是否有臭鱼决定的，所以，一条臭鱼搅了一锅汤，哪怕臭鱼不多。

木桶定律还告诉领导者，在管理过程中要下功夫狠抓公司的薄弱环节，否则，公司的整体工作就会受到影响。人们常说“取长补短”，即取长的目的是为了补短，只取长而不补短，就很难提高工作的整体效率。

一个企业要想成为一个结实耐用的木桶，有一个方面是绝不容忽视的，那就是加强对每一个员工的教育和培训。

我们以美国的惠普公司为例来说明这个问题。惠普公司内部有一项关于管理规范的教育项目，仅仅是这一个培训项目，每年研究经费就高达数百万美元。他们不仅仅研究教育内容，而且还研究哪一种教育方式更容易被人接受。

企业教育是一项有意义而又实在的工作，优秀企业的员工都很乐意接受教育和培训，这对于培养企业的团队精神大有裨益。

这个简单的生活常识，被具有无限创造性的成功学家发展成了指导国家、企业和个人均衡发展的行动指南。而企业管理者最关注的就是如何将木桶定律与企业的管理联系起来，从而使企业获得实质超越。

其实我们很容易发现木桶定律与企业发展的共通之处。一个企业就好比木桶，企业不断发展来适应激烈的竞争就好比木桶不断扩容来盛更多的水。而企业的各个职能部门就好比木桶各个长短不齐的桶板。

一个企业想要在激烈的竞争中立于不败之地，不能仅仅依靠一两个方面的突出能力，而是需要凭借整体的实力赢得优势。也就是说，企业从产品研发，生产管理，市场销售到客户管理的每个阶段，如果有一个环节薄弱，都可能导致企业在竞争中处于不利的位置，最终制约企业的发展。因此，企业如果想做大，做强，需要木桶定律的指导：只有企业的各个职能部门和各个方面均做到位，企业才能以雄厚的实力与竞争对手抗衡。

木桶定律可以启发我们对企业团队建设重要性的思考。要想增加木桶的容量，应该设法加高最低木板的高度，这是最有效也是最直接的途径。对于一个企业来说，决定团队战斗力强弱的不是能力最突出，表现最优异的人，而是能力最弱，表现最差的人。所以企业的团队建设就是设法让落后的人能够迎头赶上，让所有的人都能维持在一个“足够高”的相等高度，才能完全发挥团队作用。

木桶定律对于团队建设的指导作用还表现在不仅要做到没有明显的短板，还要保证每块木板结实，整个系统坚固，各环节接合紧密无隙，这其中就涉及群体与团队的概念。《木桶定律》举了一个关于铁棒的例子：一根没有磁性的铁棒，每个分子都在按自身的目标旋转，各自的磁性相互抵消，铁棒整体不显磁性，如同乌合之众没有组织一样，这只能称为是一个群体；如果将铁棒置入一个磁场中，每个分子在磁场的作用下朝同一方向旋转，铁棒整体就显示出很强的磁性，这个时候才是一个具有核心力的团队。一个企业，需要建设成一个具有竞争力的团队，而不是一盘散沙，这就要不仅做到没有明显的短板，还要保证每块木板都结实牢固。

分享是最聪明的生存之道

在每次大的狩猎活动结束以后，狼群从来都不会把猎物完全吃光，哪怕是很多狼还没有填饱肚子。这些食物留下来以后干什么用呢？原来这群狼享受完“胜利果实”以后，马上传消息给附近的狼来分享。只有这样，在食物缺少的季节里草原上不同的狼群才可以一起渡过难关。

凝聚团队精神的重要因素除了要目标一致以外，另一个就是要学会分享。团队精神的要义就是大家在一起要能够同甘共苦。所谓同甘共苦，其深层意义就是团队成员之间要学会分享，分享快乐，也分享痛苦，因为我们是一个有共同利益的团体。

一个牧师去世以后，灵魂见到了上帝，上帝问他：“你还有什么没完成的愿望？”牧师说：“我没有什么要求了，以前我总是跟人们说天堂和地狱，但是我自己连天堂和地狱是什么样子都不知道，现在就请带我看看天堂和地狱的真正样子吧。”

于是上帝就把他带到一个房间，里面很多人围着一口锅坐着，锅里放着很多美味的食物，正冒着诱人的香味。但是房间里的人一个个都骨瘦如柴，愁容满面，原来，每个人的手里都有一个柄特别长的勺子，盛起来的食物根本就没办法放进嘴里。上帝对牧师说："这就是地狱。"

上帝又带着牧师到了另外一个房间，里面的景象和刚才的房间一模一样，手里也都拿着一把柄极长的勺子。不过所有人都红光满面，看起来十分健康快乐。一看见牧师来，大家纷纷和他打招呼。牧师十分奇怪，就问上帝："为什么这个房间里的人看起来都那么健康快乐？"

上帝没有回答，而是示意那些人继续吃饭，原来，这些人在吃饭的时候都是把自己勺子里的东西喂到别人的嘴里。整个场面看起来十分融洽，牧师恍然大悟。

这则寓言生动地告诉我们，我们生活在集体当中，一定要学会分享和给予，养成互爱互助的行为习惯。在地狱里看到的那群吝啬鬼，他们宁愿自己饿死，也不愿去和对方分享食物，最后只能大家一起饿肚子。英国诗人白朗宁曾经说过："把爱拿走，地球就变成一座坟墓了。"只要学会了去爱团队中的每一个人，去和他们分享你的一切，那么这个团队就是天堂！

分享，是一种成功的境界，是一种智慧的升华，是与人方便自己方便的领悟。分享爱，分享劳动，分享喜悦乃至分享痛苦，这都是一个团队所需要的。有些人在工作当中往往总是喜欢斤斤计较，干什么事情总害怕自己会吃亏，更生怕让别人得了便宜。这样的人就是没有领悟到分享的真谛，也不可能与整个团队拧成一根绳。

奥运冠军站在领奖台上发表感言的时候，说得最多的一句话就是："我感谢我的教练，感谢我的家人，感谢我们的团体，感谢所有关心、支持我的人。"这就是一种荣誉的分享，这些简单的话让所有人感到如沐春风，试想一下，如果他在台上这样说："我之所以取得今天的成绩和别人无关，完全是我个人努力的结果。"大家一定会对这个人的品行感到厌恶，他的团队也不可能一如既往地支持他。同样，一个懂得分享的企业老总总是会说，所有的一切是属于公司员工的；一个获得巨大成就的科学家会说，成绩是属于整个研究集体的。真正伟大的人从来都是懂得与别人分享的，正如牛顿所说"我之所以有今天的成就，只不过是因为站在了巨人的肩膀上。"

一家大型家族企业下面有很多办公室，总裁年事已高，打算好好锻炼一下自己的儿子，他让儿子以一个普通员工的身份到各个工作室体验一下工作的真谛。这个年轻人走了不少办公室，也学到了不少东西，他发现，绝大多数的办公室看起来都是忙忙碌碌、秩序井然的样子，大家似乎连笑的时间都没有。唯独市场部的一个办公室里总是洋溢着笑声，而且他们的业绩在全公司是最好的。他很奇怪，就决定在这间办公室多待一段时间。

经过一段时间的观察，他发现，秘密竟然出现在一个叫老王的小员工身上。老王这个人学历不高，薪水也不是很多，但最大的特点就是特别爱和别人分享一些自己的事情。比如他爱人生了女儿，他一大早就冲到公司对大家喊："我当爸爸了！"每个月发了奖金，虽然他拿的比别人少，但是他总会买些零食回来"来来来，发奖金了，我请客。"每次擦自己的办公桌的时候，他也总是帮那些不在的同事一起收拾干净。别人有什么困难，只要是他能帮得上的，二话不说，马上就过去帮忙。在老王的带动下，整个办公室的人都十分开朗，大家的集体活动比较多，下班以后经常一起出去玩，而不是像其他部门各回各家。在这样的环境下，大家的工作效率自然就高了很多。

几个月以后，董事长问儿子："在这几个月里，你都学到了什么？"

年轻人回答："我学到了很多东西，但是最重要的一点，我学会了与人分享。"

人们总是幻想能够过上天堂一样的美好生活，正因为这些是不切实际的幻想，所以我们总是会觉得天堂离我们很遥远，而其实，天堂离我们并不遥远，只要我们懂得分享，快乐和幸福往往便可以“不请自来”。

分享的根本意义来自于我们自己的所作所为，来自于我们每个人的所作所为，来自于我们是不是可以摒弃那种宁愿自己饿死，也不愿为他人付出的“地狱般的行为”。

天堂里能看到什么？那位教士已经告诉了我们，他看到的是“施恩与人共分享”，是“献花者手中留余香”。

不懂得分享的人是可悲的，而无法与人分享的人则是痛苦的。

一个犹太教的长老，非常喜欢打高尔夫球。在某一个安息日，他觉得手痒，很想去挥杆，但是根据犹太教的规定，信徒在安息日必须休息，不能做任何事情。但是这位长老却终于忍不住，偷偷跑去高尔夫球场，他心里想着只要打九个洞就好了。

由于在安息日犹太教徒们都不会出门，所以球场上一个人也没有，因此长老觉得不会有任何人知道他违反规定。然而，当长老在打第二洞时，却被一个天使发现了，天使生气地跑到上帝面前告状，说长老不守教义，居然在安息日跑出门去打高尔夫球。上帝听了，就跟天使说，一定会好好惩罚这个长老的。

从第三个洞开始，长老打出超级完美的好成绩，几乎全都是一杆进洞。长老兴奋不已，到长老打第七个洞时，天使又跑去找上帝：“上帝呀，你不是要惩罚那个长老吗？为什么到现在还不惩罚他？”上帝说：“我已经在惩罚他了。”

一直到打完第九个洞，长老都是一杆进洞。因为打得太完美了，于是长老决定继续再打九个洞。天使忍不住又去找上帝了：“到底惩罚在哪里？”

上帝只是笑而不答。等打完十八洞，长老的成绩比任何一个世界级的高尔夫球手都要优秀，把长老给乐坏了。天使很生气地质问上帝：“这就是您对长老的惩罚吗？”

上帝说：“正是如此，你仔细想想，他有这么惊人的成绩，以及兴奋的心情，却不能跟任何人说，这不是最好的惩罚吗？”

生活需要伴侣，快乐和痛苦都要有人分享。没有人分享的人生，无论面对的是快乐还是痛苦，都是一种惩罚。

我们在痛苦或者悲伤的时候，总是会想要找人倾诉。但是我们在快乐、开心的时候，却往往忘记了那些默默支持我们的人。把你的痛苦与人分享，痛苦就会减少一半，把你的快乐与人分享，快乐就会增加一倍。

把自己的成就和快乐主动拿给别人分享，这需要一定的勇气，体现的是仁爱和宽容；而积极地分享别人的思想和痛苦，则意味着尊重，体现的是民主和合作。

学会分享可以使我们学会更好地关心他人，也可以更好地关心自己；欣赏他人，也欣赏自己。分享可以有效地进行团结协作，进行交际磨合；随时注意权衡自己在群体中的地位和作用，处理好人际关系；及时地把自己的想法以适当的方式表达出来，走出封闭的自我，积极接纳、采用别人的先进想法，能够与他人进行心灵和技术上的沟通。

如果问你：世界上什么东西越分越少？我们肯定会找出很多种答案：一个苹果，一笔金钱，一块土地，一瓶水……其实这个答案有许多许多，回答起来也很简单。

那么如果问你：什么东西越分越多？相信很多人回答不上来。其实，答案也不难，那就是快乐。在生活中，总有一些人，期待着一种分享。他们会在你需要的时候和你肩并肩。他们就是你生命中最亲近的人。我们有许多值得分享的东西：金榜题名的喜悦，事业有成的安慰，婴儿诞生的快乐，一生相伴的温馨……分享快乐本就是一件快乐无比的事。

当夜深人静的时候，一盏烛光，两杯素茶，你和朋友敞开心扉，或侃侃而谈，或静静倾听。成功也好，失败也罢，相互分享，就等于在看一幅世界上最美的风景。只要学会分享，你就会快乐。因为在分享的同时，你也在学着给予，也在汲取着给予带来的快乐。

把生的机会留给别的狼

狼群在围猎一些大型动物，比如野马群或者单个的熊等的时候，场面往往十分惨烈，为了保证最后的胜利，有些狼甚至被撕破了肚皮仍然奋勇战斗，直到咽下最后一口气还咬着对手不放。有时，两只狼为了对付老虎和狮子的进攻，往往是其中的一只浴血奋战，以一当十，以最大的精力牵制敌人的攻击力量，从而保证另一只能够脱离危险，把群体的生存机会留了下来。正是狼的这种为了整体而放弃个人私利的牺牲精神，才保证了狼群用最小的损失来获得最大的利益。

团队，之所以拥有比个人累加起来更大的力量，就是在于它的整体性。虽然团队的整体利益代表着整个团队所有成员的共同利益，但是在某些细节问题上，有时候难免会出现整体利益与个人利益相违背的地方。这时候，一个优秀的团队成员应该立场坚定地认为整体利益高于一切，牺牲或者舍弃个人暂时利益来争取和维护整体利益。

牺牲精神是团队精神的精髓，是一切优秀品质当中的最高美德，大到一个国家，一个民族；小到一个企业，一个办公室，如果没有了这种牺牲精神，从短期来看，损害的是团队的整体利益，个人利益可能会暂时得以保全。但是从长远看，这却是一种饮鸩止渴的办法，因为团队的利益代表的是个人的根本利益，一旦失去了团队，也就无从谈起个人利益了。

人的成长需要两种环境，一种是自然环境，一种是社会环境。社会环境的基本因素就是人，也就是说，每一个人的成长都离不开集体的帮助。

一个人是怎么成长的？没有集体，没有国家，你能成长起来吗？作为团队一员的你，你的成长本来就是团队利益的一种体现。

一个人追求个人利益，追求更好的生活、工作条件，这无可厚非，但是这一切应该建立在不损害团队利益的情况下。个人利益也是非常重要的，个人的特长是要充分发挥的，个人的个性应得到尊重和保护；而团队利益则是合理的个人利益的集中和升华，属于一个更高的层次。

元末明初，江南有个叫沈万三的商人，通过数年经营，积累起了不少财富，在当时的苏州小有名气。后来农民革命战争如火如荼，朱元璋领导的农民起义队伍占领了苏州，虽然商人们长期饱受元朝贪官污吏的盘剥、压迫，但是当朱元璋发令向苏州的商户们征集粮饷的时候，大多数人都极力把自己的粮食和财富隐藏起来，生怕自己的利益受到了损害。

但是沈万三却看出自己的利益是和农民起义军的利益结合在一起的，只要能推翻元朝的残酷统治，对自己的商业发展大有好处。于是他从经济上大力帮助朱元璋的起义军，而不要任何回报。

后来，朱元璋领导的起义终于推翻了元朝的统治，建立了明朝，朱元璋也当上了皇帝。朱元璋并没有忘记在困难的时候沈万三对他和起义军的帮助，在很多政策上都十分倾向沈万三。没过两年，沈万三就成了当时中国第一大富豪。

一开始，从表面上看沈万三确实失去了一部分个人利益，但是他是为了集体的利益——一个良好的商业环境，而牺牲自己的个人利益的。后来集体利益确保了，当然集体也没有忘记他这个为集体做出贡献的人，他也获得了比原来的付出多很多的回报。

大局意识是牺牲精神的前提。一个生活在团队、集体当中的人要有大局意识，强化大局意识对于我们每一个人的成长，都是一个至关重要的问题。不管是在学校里还是在企业中，我们都应该有“大局”这么一个概念。

无论是在农村还是在城市，不论是在一个家庭，还是在街坊四邻中，凡是威信最高的那个人，都是大局意识非常强、能够顾全大局的，公道正派，为了大家，能够牺牲自己的小利益。我们在企业中也存在这种现象。一个人的威信高不高，很大的一个方面就取决于这个人的大局意识强不强，是不是顾全大局，是不是老是为自己考虑。大局意识强，是说他首先考虑的是大伙的利益，而不是考虑的个人利益。一个人有威信、有水平、思想觉悟高。首先体现的就是大局观念好。

当然，我们也不能走极端，纯粹地牺牲个人利益，完全服从集体利益，个人什么都不要，也是不对的。正确的认识是，个人利益并不是不重要，没有个人利益就没有整体利益，没有局部利益就没有全局利益。所以说，每一个集体也好，每一个整体也好，都是建立在个体和局部利益之上的。这个道理是很简单的。我们每一个人的利益，就是我们整个团队的利益。我们追求个人利益，这是一种正当的权利，没有必要羞羞答答，每个人都应该追求自己合法、合理的权利。

但是，我们要摆正个人和集体之间的关系，特别是在个人利益和集体利益发生冲突的情况下，我们必须认真地思考。大部分情况下，个人利益和集体利益是一致的，但是在出现矛盾的情况下，我们要有牺牲精神，个人利益必须服从集体利益。

自我牺牲精神是处理公私关系、处理个人与团队关系的最高道德要求和道德境界，它要求人们当个人利益和集体利益、社会利益发生冲突的时候，要无条件地使个人利益服从社会整体利益。这种牺牲精神在战争年代表现得尤为突出，邱少云为了不暴露部队的潜伏地点，被烈火活活烧死；黄继光为了避免更多的战友伤亡，舍身堵枪眼……无数的革命前辈为了祖国的解放事业牺牲了自己宝贵的生命。

在现代，这种表现激烈的牺牲手段已经没有必要大量出现了，但是这种舍弃小我成就大我的牺牲精神却是在任何时候都需要的。

歌德在诗剧《浮士德》中说：

凡是赋予整个人类的一切，
我都要在内心中体味参详，
我的精神抓住至高至深的东西不放，
将全人类的苦乐堆积在我心上，
于是小我便扩展成全人类的大我。

我们在生活中，在工作上，也会遇到自我、小我与大我的问题，我们必须处理好彼此的关系。我们既要尊重自我、小我，又要维护大我；在必要时甚至必须为大我而牺牲自我、小我。因为，当幸福仅仅属于个人的时候，只不过像挂在项上的金锁链，是渺小而微不足道的。只有当它属于团体、属于更多人的时候，才是伟大的、有意义的。

这种为集体的大我而做的牺牲，在那些抱有个人主义人生观和幸福观的庸人眼里，是无论如何也不可理解的。他们往往把这些事看成是天外飞来的横祸，认为如果谁不临阵脱逃，屈辱苟且，那谁就是自讨苦吃。他们把个人牺牲而为团队创造大福的人，一律都看成是傻子。

这些人只看到了眼前的个人利益，而无视大我、团队的整体利益，只贪图渺小的、狭隘的幸福而不理解伟大的、普遍的幸福。这样的人是可悲的，而且他们也终将被团队、被集体所抛弃。

只有在集体、在团队当中，个人才能获得全面发展其才能的机会，也就是说，只有在集体中才能有个人自由。人是处于社会之中的人，是社会关系的总和，都生活在集体之中。在社会主义社会，个人幸福与社会幸福的内涵基本趋于一致。人们只有在实现集体幸福的过程中才能实现个人幸福。

第四章

把握机遇　雄霸天下

最聪明伶俐的狗加上最经验丰富的猎人，往往也抓不住最狡猾的狼。狼对于危险有一种天生的敏锐直觉，只要有一点风吹草动，它都会闻出其中的气息。狼的敏锐不仅仅表现在应对危险上，更表现在对机会的把握上，一个动物学家在跟踪狼群三年之后得出结论，狼对机会的有效把握率高达 80% 以上，而人类只有 35% 左右。所以在这一方面，狼是值得人去学习的。

抓住稍纵即逝的机会

牧民与狼的斗争自古以来就从未停止，不管牧场防守得多么严密，狼群总是能找到那稍纵即逝的机会，偷袭成功。野外捕猎也是如此，机警如兔子、灵活如山羊、严密如野马，不管是什么样的猎物，只要被狼盯上了，那么最后狼总能把握机会，捕猎成功。

人生也是如此。我们并不把机会列为成功的必要条件，但是机会却是打开成功之门的一把金钥匙。它可以拉短我们与成功之间的距离。

机遇真是一种很奇妙的东西。它就像一个小偷一样，来的时候没有踪影，然而走的时候却会让你损失惨重，只有认真仔细的人才能够发现它。只有抓住机遇，才能有机会改变我们的人生，使自己有一个更光明的未来。

俗话说：“机不可失，时不再来。”我们的人生就充满了机遇。所谓“时势造英雄”就足以说明机遇对人一生的影响之大了。

法国著名的幻想小说家凡尔纳18岁时，在巴黎学习法律。有

一次，他参加一个上流人士的晚会。当他从楼上向下走时，童心未泯的凡尔纳像个孩子一样从楼梯扶手向下滑，结果撞在了一个胖胖的绅士模样的人身上。这个人就是大仲马。二人从此便相识了，成为好朋友。凡尔纳由于抓住了这个不是机遇的机遇，走上了文学创作之路，成了法国的“科学幻想之父”。

现在想想，如果当初凡尔纳与大仲马相撞后，仅仅是道一句歉，没有攀谈，相信凡尔纳一生都可能只会是一个默默无闻的小律师。可见，成功地抓住了一个机遇对一个人一生的影响是多么的大！成功地抓住了机遇，就等于将自己的命运紧紧地攥在了手里。

然而，机遇对每个人都是公平的，有些人抓住了，有些人抓不住；有些人发现了，有些人茫然无知；有些人在不断创造机会，有些人在苦苦等待机会。显然，我们更应该欣赏前者。

其实，机遇是可以创造的。在经过一段艰苦卓绝的奋斗后，良机便会赫然出现，这也是能力到了一定的积累后质的飞跃。机遇不喜欢懒汉，也不欣赏投机者，机遇总伴随着勤奋努力的人、不断开拓的人、持之以恒的人、力求创新的人。所以，让我们做一个机遇的创造者，并抓住机遇，扼住自己命运的喉咙，开创属于自己的人生！

机会出现的概率固然不多，但是把握机会则更是难上加难，最可悲的是，很多人当机会到来的时候却茫然不觉，这样的人才是可悲的。

一场大雨过后，洪水冲向了一座城市，人们纷纷逃离到安全的地方。这时候，一个人发现教堂里一个神父正在祈祷，于是冲进去对他说：“神父，洪水马上就要来了，快点跟我们一起到安全的地方去吧。”

神父摇了摇头，说：“不必了，我从出生开始就虔诚地信仰上帝，我相信上帝一定会派使者来救我的！”那个人摇摇头，自己逃走了。

终于，洪水进入了市区，教堂里也开始进水，很快就淹到了神父的腰，神父只好爬在窗户的栏杆上。这时候一个救生员驾着小艇过来了，他焦急地对神父说：“神父，快！快上来！不然洪水会把你淹死的！”

神父还是坚持说：“不用了，上帝一定会派使者来救我的！”

洪水越涨越高，神父只好爬到了房顶上，这时候，一个警察开着气垫船过来对神父说：“神父！快！快上来！不然洪水会把你淹死的！”

神父依然坚持：“不！我要守着我的教堂！我深信上帝会来救

我的！”

又过了一会儿，洪水已经把教堂淹没了，神父只好抓着教堂顶端的十字架。一架直升机缓缓飞过来，丢下绳梯之后，飞行员大叫：“神父！快！快上来！不然洪水会把你淹死的！”

尽管已经面色苍白，瑟瑟发抖，神父还是意志很坚定地说：“不！我深信上帝会来救我的！”最后，洪水终于完全漫过了教堂，神父被淹死了。

神父上了天堂后，看见了上帝就很生气地问：“你是怎么搞的呀？我信奉了你一辈子，你竟然见死不救，这样你的子民还会相信你吗？”

上帝也很生气地说：“你到底想怎么样嘛？我一开始就派了个人警告你，后来我又派了两艘小艇和一架直升机去救你了，难道你要航空母舰才坐呀？”

上文中的神父坚信上帝会拯救他，而错过了一次又一次的生存机会，但是实际上那些救他的人就是上帝派的，只不过使用的方式和他想象的有些不一样而已。

现实生活中也是如此，很多时候我们抱怨机会为什么总是不眷顾我们，实际上往往是因为机会以一种我们未曾料到的方式从我们身边溜走了而已。

有时候，即使是碰到了机会，我们也不一定能够把握住，很多人喜欢把机会比作鱼，有时候鱼太大，即使你碰到了，也不一定能抓住。

中专毕业以后，很多同学都希望找一份理想的工作，小张也是一样。但是在激烈的就业竞争中，她的学历又不高，找一份称心如意的工作谈何容易？

就在这个时候，被幸运之神青睐的小张，却在提前被一家实力雄厚的大公司预聘后，试用期未满就离开了工作岗位。不明个中缘由的人还以为她是被公司“炒鱿鱼”了，可事实上，却是小张急流勇退，自动放弃了这份让人羡慕的工作。

能被一家实力雄厚的大公司预聘，并且只要扎扎实实地干，试用期一结束就可以顺理成章地成为公司的一员，同学们羡慕都还来不及呢，小张是不是吃错了药，竟然“身在福中不知福”？当同学向她打探选择退出的理由时，小张并没有直接说出原因，而是先讲了一个耐人寻味的故事：

“从前，有一个主人很想吃鱼，于是这天上午，他吩咐仆人去买一条鱼来清蒸。中午，开饭的时间到了，却不见仆人叫他吃饭。主人心想，也许是鱼还未蒸熟吧。可是，又等了很久，仍旧不见仆人的身影。主人饿得肚子咕噜咕噜地叫，于是就到厨房想看个究竟，却见那条生鱼仍是安然无恙地摆在砧板上。主人气不打一处来，叫过仆人质问原因。仆人无可奈何地说，他在市面上挑了一个早上，终于挑出这条最小的鱼，可家里的锅还是装不下，他正苦恼着想办法呢！因为鱼大锅小没法蒸，那天的午餐，主人没有吃上清蒸鱼。”

讲到这里，小张感慨颇深地说：“很遗憾，我就像故事中的那位仆人，我的‘锅’太小，即使侥幸能留在公司，当有一天公司给我一条大‘鱼’时，我也只能望‘鱼’兴叹啊！”

在我们的周围，有不少这样的人，他们总是感叹命运不公、时运不济，嫌弃自己“锅”中的“鱼”太小，希望拥有大“鱼”。虽然这种想法本身是积极向上的，然而这也正是许多人的悲哀，因为他们只知道垂涎大“鱼”，却不知道扩充自己的“锅”。当有一天真正遇上了一条大“鱼”时，就只能望“鱼”兴叹、与机遇失之交臂了。

处在这个竞争激烈的年代，要想求得生存和更大的发展，必然得忍受或多或少的痛苦，但真正的痛苦莫过于当有大“鱼”垂青或降临时，却因为自己知识的浅薄和才能的平庸而把握不住。一个伟人曾说过：“机遇只垂青有准备的头脑。”所以，不管你是否愿意，都得时刻保持高度的危机感。只有多学点知识，多培养技能，才能在竞争中拿出应对机遇的招数，不至于眼睁睁地看着机遇从自己的眼前溜走。

是的，机遇就像一条鱼，一条谁都没法预测其大小的鱼。我们不妨尽量把自己的“锅”扩充得大一些，再大一些，小鱼来了不放过，大鱼来了也能应付。小张的无奈和遗憾，应该成为我们的前车之鉴。

成功与个人努力有关，更与机遇有关。哲人说，人生的道路尽管很漫长，但要紧处就那么几步。对于人生而言，奋斗固然重要，但能否抓住机遇也是十分关键的。在人生的关键时刻，一次努力能抵得上平时几次、几十次的努力，一年的奋斗能抵得上几年甚至十几年的、几十年的奋斗。从这一意义上讲，在关键时刻把握住机会就等于实现了人生的乘法。

羊不会自动送到嘴边

无论是和平年代还是在恶劣的环境当中，狼都从不奢求食物会自动送货上门，更不奢求哪一只哪怕是很羸弱或衰老的羊会自动送到嘴边。狼一般都嗜血如命，但是猎人们却很难用猎物勾引的方法抓到狼，一方面是因为狼足够警惕，另一方面，是因为狼从来不相信“天上掉馅饼”这种事情。

正所谓“机不可失，时不再来”，当机会出现时就一定要抓住它，每天我们都在等待着机会的到来，当然不是像等着“天上掉馅饼”那样。我们每天都在准备着，准备着一旦有机会来了，我们就抓住它，这包括心理上的和知识上的。如果什么也不干，就那么干巴巴地等着，即使是机会来了，你也未必能把握得住。

“如果我在他的职位我一定比他做得好，如果我有那个机会我比他更成功，如果我的薪水高点我的工作热情一定更高，如果……”

我们总是习惯于想象那些并不存在的东西，如果我们能把握现在的工作，不是更好？人，最珍贵的是什么东西？有人说最珍贵的东西是那些得不到的东西，因为得不到才更想得到；有人说最珍贵的东西是已失去的东西，因为失去的永远不再回来。

而事实上最珍贵的东西就是现在所拥有的，把握住现在的才是最重要的。因为它真实，所以它需要珍惜。未得到的是虚幻的将来，无从珍惜；已失去的是沉淀的过去，不应沉湎；而只有珍惜现在，才能对得起过去，把握住将来。什么是机会？把握住现在就是机会。

总有人说：如果给我一个机会，我会如何如何；如果让我再来一次，我能如何如何；如果我当初这样做，结果将如何如何。与其在喟叹中惋惜过去、荒废现在、失去未来，为什么不能够把握现在拥有的机会呢？

如果你不能够珍惜现在的工作，等你失去这个工作的时候，你会追悔莫及；与其总奢望那些不切实际的东西，不如我们把握现在拥有的东西，努力工作，不久以后，升职加薪离你就不会远了。

“如果我是部门主管，我怎样怎样……”心里总是这样凭空地想象，什么时候才能到这个位置？为什么不在这个时候给自己订下一套切实可行的计划，然后为之奋斗？如果这样，那么不久的将来，你离成功就不远了。

山下的人羡慕山顶的人，能够看到更多的美景，但是他有没有想到，登顶之人，曾经如何的披荆斩棘、历尽艰苦？天上不会掉馅饼，成功永远来自于不懈的奋斗！与其在山下徒劳羡慕，还不如努力攀登，去看一看山顶的大好风景！

晋朝有一个叫王戎的小孩非常聪明，有一天他和小朋友们在一起玩耍，忽然发现前面不远的路边上有一棵李子树，上面硕果累累，结满了熟透的李子。大家高兴地欢呼一声，都急着跑过去要摘李子吃，只有王戎站在原地一动不动。一个大人看见了，就问他："为什么你不跟着大家一起去摘呢？一会儿可就没了。"王戎不慌不忙地说："路边上的李子树，如果好吃的话，果子一成熟就会被人摘走了，怎么可能有满满一树熟透的果子？所以，那里的李子一定是苦的。"没多久，那些跑去摘李子的孩子果然因为李子苦而大吐特吐。

看见路边的树上长满李子，就能断定李子肯定是苦的，要不然早被人摘光了，哪里还轮得到迟来的小孩子？小王戎的智商实在是高，不仅懂得人自私的天性，还懂得天上不会掉馅饼的道理。有时候就是这样可笑，连小孩子都明白的道理，大人们却往往被利欲熏心蒙住了双眼。

随着我国社会福利事业和经济的发展，各种彩票事业蒸蒸日上，据不完全统计，我国的彩民高达 5 亿多人。

彩票，是一种公益事业，主要的目的是为了支持社会福利、体育等事业的发展，当然巨额的头彩可以使人"一夜暴富"，但是那只是极个别的现象，这个"馅饼"，可不是那么容易吃到的。博彩，只能当成是一种娱乐、一种爱好，而不应该当成是一种事业。

最近不少省市频频发生不法分子利用假彩票空手套白狼的事

件。2004年8月9日下午2时许，韶关朱某在门口发现一封匿名信，信封内装有一张写着“香港鸿星集团公司”的广告和一张“鸿星集团刮刮卡”。朱某刮开此卡，发现自己“中了20万元”，于是拨打卡片上的咨询电话，对方说要到上海领奖，如无法赴上海可先付4000元，由对方到保险公司办理手续再付款到朱某的账号。朱某拿奖心切，未及细想就将4000元汇走，而对方称还要补交20%提成款。朱某随后感觉受骗，立即报案。

类似诈骗案件的共同特点，是客户收到有抽奖宣传单和抽奖卡的信件，内容为“某公司周年庆典之际，特隆重举行回报消费者活动，推出广告彩票即开型活动……”并附刮刮卡一张。当有人打电话咨询，不法分子同样采取索取“保证金”“手续费”的方式行骗。

“天上不会掉馅饼”这句话揭示了一个简单的道理：想要获得，就必须付出。不劳而获或者少劳多得轻轻松松地挣大钱，只能是不切实际的幻想。抱这种幻想的人往往容易上当受骗。

现在社会上有些不法分子设置种种陷阱坑害找工作的人，他们的惯用伎俩之一就是许诺一些根本不可能兑现或根本不想兑现的事情。比如在一些报纸上登的高得离谱的薪金，街头巷尾不少万元招聘公关的小广告就是这样。

其实这种骗局并不难识破，只要心里守住“天上不会掉馅饼”这个道理，凭勤劳的双手挣钱，不要异想天开，就是再高明的骗子也难施其计。问题是总有一些人相信真有“天上掉馅饼”这样的好事，这才使那些相差无几的骗人和被人骗的故事能够一年又一年地长演不衰。

我国正处在计划经济转向市场经济的巨大变革之中，企业改制、落聘下岗、就业困难等带来的压力增大，使原来习惯于稳定生活的人们感到茫然，甚至不知所措。许多人还常用一种惯性思维来对待这一变化，仍然抱着靠单位、要政策等安排的想法，期望某个机会的降临来改变自己的生活。

然而，我们都知道，天上不会掉馅饼，机会不会在那儿等着你。唯一的办法，就是积极行动起来，去努力创造机会，去全力以赴地打拼，这样，才有可能改变自己的生活，才会赢得成功。现实生活中有过许多这样的例子，而且在我们身边，也不乏这样的创业者。比如，《百姓创家业》报道中介绍的曾经下岗待业的王克胜，靠着自己的面点手艺开起大排档，过上了滋润的小日子；再如从外地来到芜湖谋生的王安庆，在一无所有、困难重重的情况下，不灰心、不放弃，依靠勤劳双手，诚实经营，终于挣得了自己的一份小家业……

通过实际地参加工作可以学到更多的技能，包括工作上的，也包括与人交往方面的，但更重要的是心态。只要有一个良好的心态，生活有目标，面对的任何挫折、困难都将成为我们接近这个目标的垫脚石。我们还需要毅力和决心，世界上没有一样东西可以取代毅力。才干也不可以，怀才不遇者比比皆是，一事无成的天才很普遍；教育也不可以，世上充满了学无所用的人。只有毅力和决心无往而不胜。我们要相信自己一定可以成功，因为我们志在成功。让暴风雨来得更猛烈些吧，只有这样，我们才能变得更加强大。

鲁迅把别人喝咖啡的时间都用来学习，我们为什么不能把羡慕别人的时间用来安心工作？珍惜自己现在的工作机会，每天都要尽心尽力地工作，尝试在每一件小事中超越自己：从工作标准上超越自己、从工作效率上超越自己、从工作方法上超越自己。在不知不觉中你就会被老板发现，被领导赏识，被同事钦佩。

传说鸡和鹰的祖先是亲兄弟，它们生下来的时候都有一对很漂亮的翅膀。刚开始，它们都很努力地学习飞翔，结果几天下来，鸡的祖先放弃了，它发现陆地上有很多吃的，没有必要受罪练习飞翔，时间长了，它的翅膀就慢慢地退化到现在的样子。而鹰的祖先则以飞为乐，在食、眠之余，振翅不倦，最后练就了一对强劲有力的翅膀，实现了它搏击长空的梦想。

每一个人生下来都有千里马的潜质，但是需要在成长过程中慢慢地磨炼、培养、挖掘，才能成长为一匹真正的千里马。而另一些不愿意吃苦、没有毅力、不愿超越自我的，就成了扼杀自己潜质的“驽马”。

不要怨自己的工作平淡无味，不要怨你的上司不赏识你，不要怨你的同事不认可你，因为你还没有足够的业绩，因为你的努力还不够。那些还没有做多少工作就开始抱怨工作的人，永远不可能实现他们的理想，因为态度决定一切。

曾经有两个旅游者在沙漠迷路了，他们在沙漠里走了一天一夜，没有喝到一滴水。第三天的时候，他们在沙漠里捡到了一个瓶子，第一个人捡了起来，说：“唉！找了这么久，只有半瓶水！”

第二个人看了后说：“太好了！我们找到水了！”结果如何？不言自明。后来，第一个人绝望了，不肯继续走下去了，最后只有第二个人走出了沙漠。

态度决定一切。对待工作也是一样的，要以积极乐观的态度来看待自己的工作，也许现在老板还没有赏识你，也许你的薪水还不称心，也许你的工作能力能胜任更高的职位，也许……但是从乐观的态度来看，至少我们从工作中学到了什么：比起昨天，我对工作更加熟悉了；比起上一次，我没有失误了；比起上个月，我的工作效率提高了——这就是收获。

不要奢望“如果”，把握现在才是最重要的。如果连现在都把握不住，还谈什么将来？如果连现在这个小职位都不能把握住，即使给你一个更高的职位，那你也不一定能胜任。冬天已经来了，春天还会远吗？热爱你现在的工作，晋升和加薪就会不期而至。

将目标付诸行动

狼在确立了目标以后，便会立刻付诸行动，不会拖延一点时间。为了能够实现目标，它们经常忍受着饥饿，它们学会了忍，在找不到食物的失望中寻找希望。为了能够实现目标，它们不惜一切代价。

一个无线电通信公司在开始运作的时候，需要雇用有经验的销售员来扩展业务。于是公司登出招聘销售员的广告，对前来应聘的人员进行面试。公司理想中的销售人员是在电话通信销售行业中有经验、熟悉本地市场、熟悉各种类型的电话通信系统、有职业风度，并且有敬业精神的人。公司没有时间培训新人，因此，选择销售员的条件中，最重要的一点就是他必须能够自发地投入，有充沛的精力和销售能力。

面试是令人厌烦的，一个应聘者走进了招聘的办公室。负责招聘的经理从他的穿着打扮上判断出他是一个牛仔。他穿着灯芯绒裤子和与该裤子不相配的灯芯绒夹克；一件短袖的、扣子七零八落的衬衫；一条打着比那位经理的拳头还要大很多的领带；一双牛仔靴；一顶棒球帽。可以想象经理当时的想法：“他不是我理想中的雇员。”他坐在招聘经理的书桌前面，摘掉帽子，说：“先生，我要攫取一个在电话生意上获得成功的机会。”他就是那么说的：生意。

经理看着这个家伙，试图想出一个能够委婉地拒绝他的办法。经理开始询问他的背景。他说他是从俄克拉荷马州立大学的农学系毕业的，在过去几年的夏天里，他都受雇于俄克拉荷马州的巴特尔斯维尔帮助经营农场。他宣称那种工作已经结束了，他准备在“生意”上获得成功，他要“攫取一个机会”。

经理和他继续交谈着。由于他的注意力完全集中在成功以及他将如何“攫取一个机会”这两点上，因此，经理就决定给他一个机会。经理告诉他会花两天时间对他进行培训。那两天里，经理教他一些销售一种小型电话系统所必须具备的所有知识。而在那两天结束之后，他就要独立操作了。他问经理，他能够挣多少钱。

经理告诉他，“那要看你的期望值，以及你掌握了多少业务技能。如果能做到最好的话，你可以挣1000美元一个月。”然后，经理向他解释说，他将要销售的那种小型电话系统的平均业务佣金是每套系统大约为250美元。经理还告诉他，如果他每月拜访100位潜在用户，他就会在那些潜在用户中销售出四套电话系统。卖出四套电话系统将会挣得1000美元。经理在这里给他的只有佣金，没有底薪。

他说那听起来好极了，因为他在农场打工每月最多只能挣400美元，他准备挣更多的钱。第二天早晨，经理就让他在书桌对面坐下来，经理尽可能多地把有关电话“生意”方面的知识塞进这个没有任何商业经验、电话经验以及销售经验的二十二岁牛仔的头脑里。他看起来什么都像，就是不像一个专业的电话通信业务的销售员。事实上，除了一点以外，他不具备经理理想中的雇员的任何一个方面的素质。而这一点就是：他对于成功的那种专注的态度，令人难以置信。

两天培训结束后，牛仔走进了经理的小办公室。他拿出一页纸，在上面列出了以下四点：

1. 我将会成为一个成功的生意人；

2. 我每个月将拜访 100 位客户；

3. 我每月将销售出 4 套电话系统；

4. 我每月将挣 1000 美元。

他把那页纸贴在他的办公桌对面的墙上，开始工作。

在那个月的月底，他没有销售出 4 套电话系统。但是，到他工作的第 10 天结束时为止，他一共销售出了 7 套电话系统。

而在他工作的第一年年底，牛仔挣得的佣金不是 12000 美元，而是 60000 美元。

他确实令人感到惊异。一天，他拿着一份合同和一套电话系统的购货款走进了经理的办公室。经理问他是如何销售掉这一套电话系统的。他说："我只是告诉她，'夫人，如果它除了铃响接听之外什么功能也没有，它比您现在使用的那一个要漂亮得多。'于是，她就买下了。"

那个女人写了一张支票给他，但牛仔并不肯接受支票，因此，他就开车送她去银行，让她取出现金，然后用现金支付货款。他带着 1000 美元的钞票走进经理的办公室，说，"拉里，我做得棒不棒？"

三年以后，牛仔拥有了他所在公司的一半股份。第四年年末，他拥有了3家别的公司。他离开了那家公司，他还开着一辆价值32000美元的黑色敞篷小型载货卡车。他穿600美元一套的牛仔服，500美元一双的牛仔靴，戴着一枚3克拉的马蹄形钻石戒指。他已经成为一个成功的商人了。

那么，是什么使牛仔获得如此的成功呢？因为他是一个勤奋的劳动者吗？那是一个促进因素。是因为他比别人更聪明吗？不。开始的时候，他对电话生意一窍不通。究竟是什么原因呢？那是因为他知道成功的法则。

他把注意力集中在国际上。他知道他想要的是什么，并且设法去获得它。还有一点就是他有责任感。他对他所属的公司、他的老板和他的职责负责，并且用行动使一切有所不同。

他选择离开俄克拉和荷马州的巴特尔斯维尔农场，寻找成为成功者的机会。他知道改变。如果他继续去做他过去一直在做的事情，他就不可能得到不同的结果。因此，他愿意去做那些能够使他获得成功的事情。

他有远见和目标。他把自己看是一个成功者。他也写下了明确的目标。他写下了他打算完成的四个条目，并把它们贴在他对面的墙壁上。他每天看着那些目标，把注意力集中到成果上。

他把目标付诸行动，即使事情很艰难，他也坚持不懈。而要做到那一点，并不总是很容易。他像别人一样经历过消沉和颓丧。

他比我所知道的任何一个销售员吃到的闭门羹，接到的拒绝电话都要多得多。可是，他从来没有让那些事情阻止他前进的脚步。他一直在奋斗。

他敢问。是的，他确实问了。首先，他问经理要了一个机会，然后，他问与他迎面走来的几乎所有人他们是否想从他那里购买一套电话系统。他的询问得到了回报，正如他喜欢说的那样，“即使是一只瞎眼猪偶尔也能找到一枚橡树果。”那句话的意思很简单，就是如果你问得足够多，最终总会有人说是的。

他关心。他关心公司和他的顾客。他发现，他越是关心他的顾客，事情就越容易做，他也就越不必关心自己。

而最重要的是，牛仔每天都是以一个赢家的心态开始的。他期待着美好事情发生。他相信不论发生什么，事情都会按照他的愿望发展。他从来不考虑失败，他只期待成功。所以，当你期待成功并朝着你的期待而行动的时候，你能取得成功。

牛仔曾经挣得数百万的资产，他也曾经让它们全部失去，但后来竟又全部挣回来了。从他的经历我们可以看出，一旦你掌握并且运用成功的法则，成功将会垂青于你。

牛仔的故事对我们是有所鼓舞的。牛仔的成功证明，获得成功的并不只是环境或者教育或者技能和能力，成功更多需要的是那些经常被我们忽略或者想当然的法则——国际法则。

锁定目标全力以赴有目标才会有成功。有目标，内心的力量才会找到方向。盲目地漂荡，终归会迷路，而你心中那一座无价的金矿，也因不开采而与平凡的尘土无异。

目标是成就的起点，你过去或现在的情况并不重要，重要的是你想获得什么样的成就。这就是福尔摩士所说：重要的不是现在站在什么位置，而是朝着什么方向走。

除非你对未来有理想，否则你做不出什么大事来。

在你的周围，随便问一个人，你的目标是什么？他也许会一笑了之，什么目标？要目标干啥？他们就是普通人，永远不会成功。他们愿意将时间永远消耗在麻将桌上，不愿将时间花在未来的设计蓝图里。

很多人没有目标，小目标没有，大目标更没有，因为他们根本不愿付出，觉得那是那样的高不可攀。

没有目标的人，就像一个无头苍蝇，撞到哪儿就是哪儿，撞到石岩上就会头破血流，撞到枪眼上就是死路一条。他们默默地来，又默默地去，好不可悲!

目标是期望成就的事业者的真正决心，是理想的具体化，是可以实现的。

没有目标，就不可能发生任何事情，也不可能采取具体步骤。如果一个人没有目标，就只能在人生的旅途上徘徊，永远走不远。

如空气对于生命一样，目标对于成功绝对必要。如果没有空气，人就不能生存；如果没有目标，没有任何人能成功。

因此，人生需要目标，成功需要目标。

当然，目标不可定得虚无缥缈，不切合实际。因为不切实际的目标实现不了，这很容易使你陷入悲观和失望之中，到时还落得个费力不讨好的下场。

依靠敏锐的嗅觉寻觅信息

狼的判断和识别能力很强，它能从复杂的环境中识别并判断自己的生存危机。狼的识别和判断能力主要是通过眼、鼻、耳来进行的，尤其是嗅觉，最为灵敏。因此，狼不仅能从猎物群中判别出易于捕获的对象，还能够观察并记忆许许多多细微得连人类都无法观察的性格特征与习性。狼的这种判断、识别和决定能力，是它在恶劣环境下生存的关键因素之一。

生活中的强者，就应该像狼一样，对环境有着敏锐的洞察力，能从平凡的大自然中发现神奇的东西，能觉察到别人未曾注意的信息和细节，能不断地发现工作、生活中的问题，并且从中不断学习，不断总结，巧妙地利用这些人生经验来推动个人的发展。

当然，要想使我们的嗅觉敏锐起来，强化我们的识别、判断和决定能力，首先必须要有广博的知识，对事物事先有一个全面的了解。没有知识做后盾，我们的识别能力是永远提不高的。其次，有了知识以后，还要善于思考。善于思考的人，具有旺盛的好奇心，能够创造性地进行思维、识别、判断；善于思考的人，总能发现事物中存在的问题，并找出解决问题的办法；善于思考的人，往往会有卓越的创造力，也会有极强的生存能力。请看下面这个故事。

美国亚默尔肉类加工公司的老板亚默尔习惯于天天读书看报。即使商务沉重，他每天上午来到办公室，也会让秘书送来当天的各种报刊，有时候看一两个小时。

有一天上午，他像平时一样细心地阅读当天的报纸，一条不显眼的消息把他吸引住了。短短的几十个字，讲的是墨西哥最近发现了疑似瘟疫的病例。看到这条小信息，亚默尔马上想到，如果墨西哥真的发生了瘟疫，那一定会从边境扩散到美国的加州和德州，因为那里与墨西哥接壤。加州和德州的畜牧业是美国肉类供应基地，倘若这里发生了瘟疫，那么整个美国的肉类供应便会紧张起来，肉价会飞涨。

一个商人的本能使他进行了多方面分析和研究，他决定迅速派人到墨西哥去实地调查。几天后，考察组从墨西哥发回电报，证实那里确实发生了瘟疫，而且蔓延得很快，到了难以控制的地步。

亚默尔接到电报后，他立即筹措大量资金收购加州和德州的肉牛和生猪，运到离加州和德州较远的东部饲养。瘟疫在两个星期内就从墨西哥传染到美国西部几个州了，美国政府下令严禁一切食物从这几个州外运，肉类更是严控，以此防止瘟疫的蔓延，美国市场一下子肉类奇缺、价格暴涨。

亚默尔及时地把他囤积在东部的肉牛和生猪高价出售，在短短的几个月时间，他净赚了900万美元。

亚默尔善于从大量繁杂的信息中捕捉到商机，这就是敏锐的洞察力。要想在竞争中打败对手，抢占先机，经营者必须具有洞察市场的本领。只有具备这种本领，才能脱颖而出，一举成功。在国内，大名鼎鼎的“双汇”火腿肠的成功就是最明显的例证。

当年，河南漯河肉联厂厂长经过深思熟虑后，决定引进设备，生产塑料薄膜，用以包装火腿肠。开发这一项目十分困难，因为生产设备、包装材料等物品都要依赖进口，投资费用非常高；而且，当时全国已有20多家肉联企业抢在前头，并已形成规模。

对于肉联厂来说，要开发这一项目，存在着很大的风险。因此，许多人劝厂长要理智，不要草率行事。而厂长则认为，市场就像个魔方，变化无穷。有时看上去市场上缺口很大，一旦有人去填补缺口，市场很快就会饱和；有时虽然许多企业都在生产一种商品，但市场潜力仍大得很。以塑料包装火腿肠为例，至少有3个有利因素可以投产：一是这种产品因携带方便、易于储存，并且早已被西方国家所接受，我国目前虽有20余家企业投产，但仍处于起步阶段，在全国范围内尚未普及；二是各生产厂家虽已形成一定规模，但均不具备垄断能力，市场还有相当大的潜力；三是最先经营的厂家已经花费了巨额广告费为这类产品做宣传，使国内消费者已经认识了这种产品，这便有“东风”可借，不必再去做广告。

然而，要与先起步的企业争夺市场，就必须以高起点起步才能后来居上。基于以上几点，厂长决定引进世界上最先进的技术和生产线，以保证产品刚一上市，质量就达到对手产品的标准，或超过对手产品的标准。为此，他拿出了肉联厂的全部家底，一次性投资1600万元，从日本、法国、奥地利、西班牙、瑞士引进十条火腿肠生产线，并聘请中外著名食品专家共同研制出了火腿肠的最佳配方。经过4个月的苦心研究，第一根被誉为“汇集世界高科技，汇集世界新工艺”的“双汇”牌火腿肠诞生了。这是惊人的一举，该肉联厂只用了4个月的时间，就走完了别人6年才走完的路程。第一年，该肉联厂“双汇”火腿产值突破2.8亿元，盈利1800万元。

“双汇”火腿肠取得成功的原因，就是河南漯河肉联厂厂长对火腿肠市场的形势和本厂的优势进行了正确的分析和评估，从复杂多变的市场中捕捉到了有用的信息。

最快的判断带来最果断的行动

当猎物的行迹显现时，狼就会马上判断此时是不是最合适的机会，该不该出击，该如何出击。在判断之后，狼会立刻展开行动，而不是左顾右盼，这是狼的捕猎特征之一。只有最快的判断，最果敢的行动，才能够让狼在猎物逃跑之前，在它们没有被其他竞争者俘获之前，将猎物捕捉。

有人说："这是一个信息时代，谁掌握了信息谁就能获得成功。"但这种说法还不够深入，还不是事情的关键。如果面对信息不懂得筛选，虽勤于分析思虑，却不能够迅速而准确地判断，人就很容易丧失自我。接下来的行动，无论有效与否，果断与否都失去了意义，搞不好其最后的结果便是南辕北辙。让我们来看一个对比鲜明的例子。

张大光是温州某名牌鞋业公司的老板，他有个弟弟叫大明，也有自己的鞋业公司，但生意远不如哥哥的好。同是一母所生的两个兄弟，取得的成就为什么有着天壤之别呢？说到这个问题，故事还要追溯到30多年前。

在改革开放之初，兄弟两个人凭借南方人特有的对市场的敏锐观察力，几乎同时看到了政府的富民政策使人民的生活水平发生了翻天覆地的变化。人们开始摆脱了过去那种自给自足的生活方式，穿衣戴帽等需求日益趋向了商品化。于是，两兄弟同时决定各办一个制鞋厂。大光说干就干，做出决定后，立即行动起来，请来师傅，聘来工人，购进设备和原料，不出半个月，就把产品推向了市场。而大明虽然积累了一定的必备因素，但仍犹豫不决，他想先看看哥哥鞋厂的经营与收入状况，然后再做出决定。

创业初期是艰难的，大光的鞋厂出现了很多问题：产品常常没有销路，资金也周转不开，再就是管理经验欠缺，还常常不能按时发放工资。这样一来，工人生产的积极性大大降低，三天两头在厂里闹情绪，鞋厂艰难运行。看到这种情形，大明暗自庆幸自己明智，心想自己幸亏没像哥哥那样鲁莽行事，否则也难以收拾一堆“烂摊子”。

大光的制鞋厂确实遇到了不曾料到的一些经营方面的困难，但这是任何人创业时都可能遇到的。更何况大光是改革开放后第一批创业打天下的人，那时可供借鉴的创业经验和出色的管理人才十分缺乏，一切需在摸爬滚打中进行。但大光并没有被困难吓倒，他凭着顽强的拼搏精神和灵活的头脑，与员工一道克服了重重困难，很快使制鞋厂渡过了难关，迎来了事业上的春天。

看到哥哥的事业蓬勃发展、如日中天，弟弟大明羡慕不已，同时也深感惭愧。经过深思熟虑之后，他办起了自己的制鞋厂。然而先机已失，当他办起鞋厂时，全国各地的鞋厂已如雨后春笋般相继发展起来。这时大光的鞋厂已经创办了一年之多，其优秀的产品以及良好的企业形象已深深赢得了消费者好评，而大明的厂子至今仍客户寥落。

后来，大光在全国各地建起了自己庞大的销售网络，拥有资产数亿元。而大明的鞋厂由于接不到订单，又没有自己的营销网络，最终停止了销售业务，改为大光鞋厂的下属部门。如今，大明的个人资产连大光的百分之一都不到。

张大光做决定当机立断，之后立即行动，经过一番拼搏，最后取得了事业上的成功；而弟弟做决定优柔寡断，总想等到时机完全成熟再行动，最后错失良机，没能取得太大的成就。这就是积极行动与消极等待带来的两种截然不同的结果。积极行动可以克服各种困难，早日达到理想中的目标。而消极等待，也就是想把条件准备充分后再行动，只能远远地落在别人后面，让别人先一步摘走胜利的果实。

同样都是行动，但由于行动的态度与方式不同，就会产生出两种截然不同的结果，形成反差很大的人生。即使一个人偶尔做出错误的决定和行动，也总比从不做决定、不采取行动要好，更何况有时候不到事情的最后一步，我们根本无从判断自己的决定是否正确。下面的故事就是最好的证明。

一家文化传播公司的业务员前去拜访西部小镇上的一个房地产经纪人，想把一套“销售及商业管理”的书介绍给这位房地产商人。

这位业务员到达房地产商人的办公室时，发现他正在一架古老的打字机上打一封信，这位业务员自我介绍一番，然后介绍他所推销的这套书。那位房地产商人听得津津有味。然而，听完之后，却迟迟不发表意见。

于是，这位业务员只好单刀直入了：“你想买这套书，不是吗？”

这位房地产商人却回答说：“我自己也不知道是否想买。”

他说的倒是实话，因为像他这样难以迅速做出决定的人有很多。这位对人性有透彻认识的业务员便站了起来，准备离开，但之后他采用了一种多少有点刺激的战术。下面这段话使房地产商人大吃一惊。

“我决定向你说一些你不喜欢听的话，但这些话可能对你有所帮助。先看看你工作的办公室，地板很脏、墙壁上全是灰尘，你的衣服也不整洁，胡子未刮干净，你的眼光告诉我你已经被打败了。在我想象中，在你家里，你妻子和孩子穿得也不好。你的妻子一直忠实地跟着你，但你的成就并不如当初她所希望的。请记住，我现在并不是向一个准备购买我书的人讲话，即使你用现金购买，我也不会接受，因为，如果我接受了，你将不会拥有去完成它的进取心，而我们不希望购买书的人失败。现在，我告诉你你为何失败，那是因为你没有果断做出决定的能力。在你的一生中，你一直养成一种习惯：逃避责任，无法做出决定。结果到了今天，即使你想做什么，也无法完成了。"

这位房地产商人呆坐在椅子上目瞪口呆，但他并不想对这些尖刻的指责进行反驳。这时，这位业务员说了声"再见"，走了出去，随手把门关上，但又再次走了回来，带着微笑在那位吃惊的房产商人面前坐下来，说："我的批评也许伤害了你，但我倒是希望能够触怒你。现在让我以男人对男人的态度告诉你，我认为你很有智慧，而且我确信你有能力，但你不幸养成了一种坏习惯。不过你可以再度站起来，我可以扶你一把，只要你愿意原谅我刚才所说过的那些话。这个地方不适合从事房地产生意，你赶快找套新衣服，即使向人借钱也要去买来，然后跟我到西安去，我将介绍一个房地产商人和你认识，他可以给你一些赚钱的机会，同时还可以教你有关这一行业的注意事项，你以后投资时可以运用。你愿意跟我来吗？"

那位房地产商人竟然抱头痛哭起来。最后，他努力地站了起来，和这位业务员握握手，感谢他的好意，并说他愿意接受他的忠告，但要以自己的方式去进行。他要了一张预约表，签字购买《推销与商业管理》这套书。

3年以后，这位房地产商人开了一家拥有60名业务员的大公司，成为西安市最成功的房地产商人之一，他还指导其他业务员工作，每一个准备到他公司上班的人，在被正式聘用之前，都要被叫到他的办公室去，他将自己的转变过程告诉每一个新人。

这无疑是一个颇具震撼力的故事，由此我们可以得知，一个遇事唯唯诺诺、瞻前顾后的人是懦弱的，是无论如何也成就不了大事的。要想在生活中、事业上有所成就，就必须摆脱这些不良习惯，善于用自己的头脑思索问题，做出正确的人生抉择，并且果断地采取行动。

最快的判断带来最果断的行动，这是狼的一种生存本领。其实，天下任何事的完成都离不开迅速而准确的判断和迅疾而果断的行动，人也一样。因此，对于生活中、工作中的各种新情况，我们应该像果断出击的狼一样，在第一时间做出反应。只有这样，才能在人生中永远占据主动。

静观其变抓其痛处

狼非常善于观察，能够在观察中准确地找到猎物的弱点，然后，从其弱点处下手，一举捕获到猎物。狼的这种战术的运用，总结出来就是“静观其变抓痛脚”，亦即以静制动。

以己之“静”制敌之“动”。静不是绝对静止，而是静观、细察、周密思考。猝遇强敌或突变，常须此计。

“静”这个字，时时刻刻都离不开它。门整天不断地关和开，而户枢却常静止着；漂亮和丑陋的面容天天在镜子前“流连”，而镜子却常常静止着；唯独有“静”才能制动。如果随波逐流，随动而动，所要做的事就必定没有什么结果。即使在睡觉的时候，假如不保持宁静的心境，所做的梦也会乱七八糟的。

任何盲动不如不动。静，有时比动更有力量。以静制动也要根据具体情况，灵活运用。静观并不等于消极，相反还能造成某种气势，迫使对方就范，而自己却能坐收其利。

“以静制动”的静和动不是绝对的，它们是相互关联，并能时时转化。其实静中也有动，动中也有静，静和动的区分只能看谁占主导地位了。以静制动的关键是我们要善于观察，于细微之处，发现对手的破绽，及以己之静来克制别人之动，最后攻其要害，达到自己的目的。

清朝康熙年间有一个叫曹福的捕快，由于他长期在衙门担任缉捕盗贼的差役，累积了丰富的经验，若是难以破获的盗窃大案或人命凶案交给他，很快就能破获，因而曹福很受上级的器重和同事的尊重。

平时闲来无事，曹福就喜欢在外溜达，实际是在观察过往行人的行迹，从中发现可疑之处。

这天，曹福吃罢午饭，又在河堤上游逛。河中船舶如织，南来北往，好一派繁忙景象。这时，一条小舟靠岸了。这是一艘空船，船主将小船的缆绳拴在岸上的一块大石头上，然后就坐在石头上，掏出旱烟抽了起来。

曹福看了一会儿，立刻登上小舟，坐了下来。船主看见有生人上了船，立马跨上船来，催促曹福离开，但曹福就是不走。船主说："你不走，我就要解下缆绳开船了。"曹福却笑着说："你开船吧，我愿意与你同行。"

船主还从来没遇到过这样的人，呵斥道："你这人真是岂有此理！为什么赖在我船上不走？"

曹福不紧不慢地说："因为你船上有异物，我要搜查。我是衙门捕快。"

船主听他这样说，走过去揭开舱板，怒气冲冲地对曹福吼道：“你搜吧！”曹福也跟着过去一看，舱中空无一物。“这下你该上岸了吧！”船主说道。

谁知曹福并不挪步，继续说道：“请把船舱底板打开。”船主坚持不肯。曹福拿起一根铁棍，硬把底板撬开，发现底板下厚厚一层金帛。船主顿时傻了眼。曹福将其扭送衙门，经审讯，船主是多年的老贼。

曹福似乎在漫不经心中拿获老贼，人们十分奇怪，就问他，凭什么发现船上有赃物的呢？曹福笑着说：“其实这很简单，我看这船很小，船舱又未装什么货物，但它行驶在河中，风浪却不能使其波动；而船主在拴船缆时，牵拽也很是吃力，故我断定船夹层里一定有重物，一查果然如此。”

又有一次，城外田沟发现了一具尸体。死者不是本地人，像是外地商人，显然是凶手谋财害命。但案发后，凶手已逃之夭夭，县令严令捕快近日拿获凶手。其他捕快经过明察暗访，查不到丝毫线索，十分焦急，都想去请教一下曹福，可是曹福却不见了踪影。经过一番搜寻，大伙才在河堤边的一个茶馆里找到了他。曹福正临窗而坐，一边喝茶，一面注视着河中的情景。

“曹兄，你可真有闲情逸致，坐在这儿品茗赏景，我们都急死了。”大伙不无埋怨地说道。

“急什么？来，来！坐下来喝杯茶再说。”曹福招呼大家坐下，眼睛却始终不离河面。

大伙儿被他搞得莫名其妙，说道：“河里有什么看头，除了船还是船。快给我们想想办法吧。”

正在这时候，河对岸有一艘大船开走了，原来被它遮住的一艘中等船呈现出来。这艘船上晒着一床绸被。曹福注视了一会儿，立刻把桌子一拍：“凶犯就在那艘船上面！”

大伙儿来不及细问，都一齐向河边奔去，借了艘小船，很快地划到对岸，连船带人扣了下来，送往衙门。

经过审讯，船主终于招供：一个行商坐他的船时，他发现这人带了很多银子，于是起了歹心，夜间趁商人熟睡时把他杀了。然后将尸体抬到岸上，扔在田沟旁。

一桩杀人凶案就这样给破了。事后，大伙儿特地将曹福邀到那座茶馆，请他谈谈怎么就能一眼识别真凶。

曹福呷了一口茶，笑了笑说：“干我们这一行的人，一是要积累经验，二是要善于观察。你们当时大概没有看到，那艘船船尾晒着一床新洗的绸被，上面苍蝇群集，这就有问题。大凡人的血沾上衣被等物后，血迹虽然能够洗去，但血腥味却很难一下子除净，所以能够招来苍蝇。那床绸被上有苍蝇，证明上面一定有血腥味，苍蝇又聚集了那么多，说明血腥味很浓，肯定沾了很多人血。如果不杀人，哪来这么多的人血？这是其一。其二，只要在船上待过，都应知道船家根本不用或极少使用绸被面的。况且，船家再富有，洗被子时也绝不会不将绸面拆去而与被里子一同洗晒，而这个船主却将整床绸被子一起洗晒。这不是盗来的又是什么？就凭这两点，我断定船主就是凶手。”

听到这里，大伙个个点头称是，无不佩服曹福的智慧和经验。

曹福就是凭着自己经验和智慧，静静地观察，以静制动，但同时又从别人的“动”中发现问题所在，抓住凶手。

“心急吃不了热豆腐”，在与对手过招中，如果你急功近利，快人快语，会给你带来没有必要的损失。“紧开口，慢眨眼”是前人处事的经验。无论做事还是与人交谈，在清楚和了解事情起因和别人说话的目的之后，再阐明自己的观点，既会使自己有的放矢，又会给对方留下良好的印象。

我们要学会做一个有耐心的听众，并且把你对他的尊重和诚意表现在脸上。在工作中，最大的错误就是高谈阔论，“我”字不离口：“我想担任这个职务，因为我有足够的把握和能力”，“我的设想是……”，“我的需要是……”，他们普遍缺少倾听的耐心，对别人说些什么很少认真地去听，而是只忙于考虑接下来说的话。

第五章

学会忍耐　绝境逢生

为了生存，狼必须学会坚忍。否则，将会成为其他动物的猎物或者被饿死，因为欺软怕硬是动物的天性，弱肉强食是自然的规律。逆境生存，强者必胜，靠的就是坚忍。命中注定，狼将处于孤独、荒凉与寂寞中，因为，狼学会了忍耐，它盘踞在荒原的一角，屏息以待，在激情与体能全面爆发的那一刻，向敌人发起最猛烈的攻击。

成功需要坚忍

“与其饿死还不如战斗”，是狼的信念。要想达到成功就需要坚忍。狼的坚忍在其忍受孤独的桀骜，在逆境中的不屈，对生存的执着追求。

一个人想干成任何事情，都要坚持，坚持才能取得成功。一人做一点事不难，难的是持之以恒地做下去，直到最后成功。

一个推销员，如果在推销失败，遭人拒绝、嘲笑时就畏惧、退缩甚至放弃，那怎么会成功呢？只有坚持不懈、绝不放弃，才有成功的那一天。

约翰·吉米是美国一家人寿保险公司的保险员，他花 65 美元买了一辆脚踏车到处拉保险。不幸的是，成绩始终是一片空白。可是，吉米毫不气馁，晚上即使再疲倦，也要一一写信给白天访问过的客户，感谢他们接受自己的访问，力请他们加入投保的行列，每一字每一句都写得诚挚感人。

可是，任凭他再努力、再劳累，也没有发生效果。两个月过去了，他连一个顾客也没有拉到，上司催他也是越来越紧……

劳累一天回来，他常常连饭也没心情吃，虽然娇妻温顺体贴，但一想到明天，他就全身直冒冷汗。

他在日记中写道：“从前，我以为一个人只要认真努力地工作，就能做好任何事情。但是这一次，我错了。因为事实显然并不如此。我辛辛苦苦地跑了六十八天，然而，却连一个客户也没有拉成。唉！保险工作，对我很不合适，不如换个地方找工作吧。”

妻子劝告他说：“坚持下去，就有盼头。”吉米听从了妻子的劝告。

吉米曾想说服一个小学校长，让他的学生全部投保。然而校长对此毫无兴趣，一次一次地拒吉米于门外。当他在第六十九天再一次跑到校长这里来的时候，校长终于被他的诚心所感动，同意给全校学生投保。

他成功了！坚持不懈的精神，使他后来成为著名的保险推销员。

郑和，中国人众所周知的伟大航海家，他所创造的航海事业，是值得太仓人引以为傲的精神财富。

郑和，原姓马，字三保，回族人，明洪武四年生于云南昆明晋宁县。从小就聪明伶俐，机智过人。后来，他投靠燕王朱棣，赐性郑，名和。

1405年7月11日，天气晴朗，郑和带领着二百多艘船只，两万七千多人，浩浩荡荡地从太仓刘家港出发了，开始了这规模宏大下西洋航海活动。

郑和船队之所以能成功地七次下西洋，这与船队坚韧不拔的精神是分不开的。在途中，郑和船队遇到了无数的艰难险阻。在访问旧港后，郑和船队遇到了海盗，但是官兵们没有丝毫的恐惧，因为他们早有准备。这次郑和船队不仅没有任何的破损，还一举捣毁了海盗的老巢。如果郑和船队遇到海盗时，没有反抗，而是直接缴械投降的话，历史上就不会有这么规模宏大的航海活动了。

郑和七次下西洋，从1405年到1433年历经二十八年间，在这二十八年中，只要有一丝疏忽，就可能功亏一篑。这二十八年，郑和船队历经磨难，他们以坚韧不拔的意志，克服了种种困难。

很早以前，在荷兰的一个小镇，来了一个初中文化程度名叫列文虎克的人，他是一个年轻的农民。他的工作是为镇政府守大门，一干就是六十多年。他在工作之余，不下棋不打牌，只爱磨镜片。为了钻研磨镜技术，他到处求师访友，向眼镜匠学习，向炼金专家请教，常常在寂寞的深夜磨个不停。由于忙，减少了与亲友的往来。有人骂他是“不近人情的家伙”。对此，列文虎克无动于衷，锲而不舍地勤奋工作，磨出的复合镜片的放大倍数超过了专业技师，最终制成了当时无与伦比的精细显微镜，揭开了科技尚未知晓的微生物世界的“面纱”。为此他被授予巴黎科学院院士的头衔，英国女王访问荷兰时，还专程到这个小镇拜会他，英国皇家学会也选他为会员。

列文虎克的成功告诉我们，干任何事情都要有坚韧不拔的精神。这种精神也就是中国古人所说的，只要功夫深，铁杵磨成针的精神。许多人在事业上的失败，常常不是因为没有选准目标，也不是因为难度大得不得了，而是因为缺乏坚强的意志和坚韧的品格。宋朝苏轼说过：古之成大事者，不唯有超世之才，亦必有坚韧不拔之志。这是一个客观规律，古今中外，概莫能外。列文虎克打磨镜片，一干就是六十多年，其中的艰辛、枯燥和乏味不言自明，没有坚韧不拔的意志和锲而不舍的精神是万万不行的。他走的是一条“光荣的荆棘路”，打磨镜片是那样细小平凡，为了把手头上的每一块镜片磨好，他扎扎实实一丝不苟地用尽毕生的心血完成每一个平淡无奇的动作。在他八十五岁那年，朋友们劝他安度余生，离开显微镜，他却说：“要成功一件事，必须花掉毕生的时间。”他活到九十岁高龄，也没有离开显微镜。正是把坚韧不拔的品格作为护身法宝，列文虎克才走过了漫长而坎坷崎岖小路，用辛劳的汗水浇出了绚丽的成功之花。

科学上的许多所谓“一举成功”“一鸣惊人”，都是长期奋斗的结果，都是以钢铁般的意志和锲而不舍的精神去战胜无数困难的结果。诺贝尔奖奖金获得者化学家戴维斯说：“真正的雄心壮志几乎全是智能、辛勤、学习、经验的积累，差一分一毫也达不到目的。至于那些一鸣惊人的学者，只是人们注意到的表象，其实他的功夫和潜在的智能，别人事前未必能领会到。”要想取得成功，没有什么“快捷方式”，也没有什么“锦囊妙计”，最需要的就是坚韧不拔的品格。正如法国微生物学家巴斯德所说：“告诉你使我达到目标的奥秘吧，我唯一的力量就是我的坚持精神。”

《晁错论》有曰：“古之立大事者，不唯有超世之才，亦必有坚韧不拔之志。”

苏武出使匈奴，被匈奴单于扣留，北海牧羊前后长达十九年，无论利诱还是威胁，他始终不屈，其中他生活的艰难是常人难以想象的。是什么力量支持着他呢？是效忠汉朝的信念，是他所具有的坚韧不拔的品格。

无独有偶，20世纪80年代的印尼曾发现一桩“奇迹”：抗日战争时，有个华裔士兵，因不肯投降日寇，逃入深山老林，穴居山洞，过了40年与野兽为伍的日子，后来被当地百姓发现。无疑这也是只有坚忍的品格的人才能做到。一个普通的士兵能如此实为不易。

在一定意义上，人是靠精神支撑起来的。如果一个人有坚忍的品格，那么他定会遇事不乱，处事不惊。这样不仅能增强一个人各方面的能力，也有助于勇气的培养，甚至可以说一个人真正地做到任何事都秉承着持之以恒的原则。滴水可以穿石，功夫深可使铁杵磨成针，持之以恒金石可镂，我坚信坚忍能使人克服一切艰难困苦。

在狼的本性里有种坚韧不拔的意志，锲而不舍的精神，勇往直前和忍受孤独的勇气，这些都值得我们学习。

耐心坚守需要锲而不舍

可以这样说，除了人类之外，狼族可算是最好学的一种动物了。它们往往会用长达好几天的时间，持续观察并且监控被它们“相中”的猎物群。令人吃惊的是，它们绝不会在此过程中显露出丝毫的疲倦或厌恶，它们也不会对这群猎物实施毫无意义的追逐或侵扰行动。

在这段时间里，它们似乎满足于充当观察者的角色，仔细地综合分析所观察到的猎物群成员的生理与心理状态。显然，猎物群中，那些年幼、老弱和受伤者，会很快成为它们狩猎的目标。但是，狼族优秀之处并非仅限于对狩猎对象的辨别，它们甚至能够观察、记录下许多细微到连人类都无法知觉的个性、特征与习性。在对方的群体中，或许会出现一些细微的慌乱行为或征兆，致使某些有着特殊习性的成员脱离了群体的庇护，从而成为狩猎的突出目标，这一切绝对难逃观察细微且极具耐性的狼族的注意。

狩猎的成功，终将随着它们的超强耐性而完成。事实上，在这段捕猎的过程中，为了使最终目的得以达成，狼族得等待数日以上，并且可以忍受极端的饥饿，甚至几乎濒临饿死的边缘也在所不惜。有朋友或许要问:“它们何以不直接进行攻击,以完成整个捕猎工作呢?”因为,如一只像驯鹿般大小的有蹄动物,对于体型较小的野狼而言,它的蹄会对自己造成严重的甚至是致命的伤害。所以,狼族宁可选择长期等待,用“耐性”换取胜利,也不愿以生命换取一时的饱足。

“耐性”是狼身上的一大特点,同时也是所有成大事者身上最可贵的品质。

正因为有了恒心与忍耐力,才有了埃及平原上宏伟的金字塔,才有了耶路撒冷巍峨的庙堂;正因为有了恒心与忍耐力,人们才登上了气候恶劣、云雾缭绕的阿尔卑斯山,在宽阔无边的大西洋上开辟了通道;正因为有了恒心与忍耐力,人类才夷平了新大陆的各种障碍,建立起了人类居住的共同体。

滴水可以穿石,绳锯可以断木。如果三心二意,哪怕是天才,也会一事无成,只有依靠恒心,点滴积累,才能取得成功。勤快的人能笑到最后,而耐跑的马才会脱颖而出。发现新大陆的哥伦布就是具有狼之耐性的开拓者。

1492年2月,哥伦布失望地离开了爱尔罕布拉宫,他原先希望争取到西班牙国王斐迪南和王后伊萨贝拉的支持,但没有成功。他骑着骡子,缓缓地出了宫门,考虑应该往哪里去。他此时此刻看上去头发花白，精神十分萎靡。他从幼年开始就认为地球是个球体。当时，人们在距离海岸线四百英里远的海上发现了雕有图案的木片，还在葡萄牙海滨发现了两具尸体，从人体特征上判断，他们和已知的人种都不一样。哥伦布相信，这些尸体就是从遥远的西部，一些还不为欧洲人所知的岛屿上漂流过来的。他曾经指望葡萄牙国王能够出资，资助他进行海上航行，以便发现那些遥远的岛屿。然而，国王约翰二世一面假惺惺地答应帮助他，另一方面却暗地里派出了自己的考察队，哥伦布最后的一线希望也破灭了。

哥伦布四处乞讨，靠给别人画各种图表为生。他的妻子已经离他而去，他的朋友也都把他当成疯子，对他不闻不问。斐迪南和伊萨贝拉夫妇身边的智囊人物，对他所谓的往西航行就可以到达东方的理论也嗤之以鼻。

“可是，既然太阳、月亮都是圆的，为什么地球不能是圆的？”哥伦布问道。

“如果地球是球体，靠什么支撑它？”那些智囊问。

“那太阳、月亮又是靠什么来支撑的呢？”哥伦布反问道。

“如果一个人头朝下，脚朝上，就像天花板上的苍蝇一样，你觉得这可能吗？”一个博士继续问哥伦布，“树根如果在上边，它可能生长吗？”

“池塘里的水也都会流出来，我们也就站不起来了。”另一个哲学家补充道。

“这也不符合《圣经》上的说法。《以赛亚书》上说：‘苍穹铺张如幔……’这说明大地显然是平直的，说它是圆的，那是异端。”牧师也加入了辩论。

哥伦布对他们不再抱有任何希望，就在他转念想去为查理七世效力的时候，事情突然出现了转机。伊萨贝拉的一个朋友对她建议说，万一哥伦布的说法是对的，那么，只要一笔很小的花费，就可以大大地抬高他们统治的声望。“好的，”伊萨贝拉同意了，“我把我的珠宝拿去抵押，就算是给他的经费，喊他回来。”

就这样，哥伦布转过了身子，同时世界也转了个身。可是，他的航行还有别的问题，没有一个水手愿意和他一起出海，幸好国王和王后用强制手段下了命令，让他们必须去。于是，他们乘坐“平塔号”帆船出了海。他们的船很小，比平常的帆船大不了多少，而且刚刚启程三天，船舵就断了。水手们内心都有一种不祥之感，一时情绪非常低落。哥伦布就向他们描述了一番他所知道的印度的景象，描述了一番那儿遍地都是金银珠宝，这才让水手们的情绪稳定下来。

船驶过加那利群岛以西200英里后，他们的磁针不再是朝着北极星的方向了。水手们说什么也不肯再往前走，一场叛乱几乎迫在眉睫。这时候哥伦布又向他们解释，说北极星实际上并不在正北方，最后总算说服了他们。当船航行到距离出发地2300英里远（哥伦布故意骗他们说只有1700英里远）的时候，他们发现有樱桃木漂在水面上，船周围时常有一些陆上的鸟类飞过，水手们还从水里打捞起了一块很奇怪的雕有图案的木片。

有志者，事竟成。由于对探索新大陆有持之以恒的决心，哥伦布把西班牙王国的旗帜插在了新大陆上。

哥伦布的经历让我们懂得：忍耐对一个人的事业所起到的非凡作用。许多成功者之所以能取得人生的辉煌，便在于他们具有惊人的忍耐力。有时候，决定人一生成败的因素不在于出身、禀赋、学历、经验等，唯有忍耐，才是成功之道。

有这样一个故事：在美国科罗拉多州的山坡上，躺着一棵大树的残躯。自然学家告诉我们，它曾经有过四百多年的历史。在它漫长的生命里，曾被闪电击中过14次，无数次暴风骤雨侵袭过它，都未能让它倒下。但在最后，一小队甲虫的攻击使它永远也站不起来了。那些甲虫从根部向里咬，渐渐伤了树的元气。虽然它们很小，却是持续不断地进攻。这样一棵巨木，闪电不曾将它击倒，狂风暴雨不曾将它动摇，却因一小队用大拇指和食指就能捏死的小甲虫凭借锲而不舍的韧劲而倒了下来。

这是卡耐基引述别人讲过的一个故事，他是要说明常常为小事烦恼，会损坏人的身心健康。而从这个故事中，我们还发现了另一个人生的哲理，这就是只要有恒心，以微弱之躯撼大摧坚也很平常。

生活中，我们都可能会面对“撼大摧坚”的艰巨任务：运动员要向世界纪录挑战；科学家要解开大自然的奥秘；企业家要跻身世界强者的行列；就是一般人，也会有一些困难的工作要去做。比如你要把一堆砖头从甲地搬到乙地，你如何做？

莎士比亚说：“斧头虽小，但多次砍劈，终能将一棵坚硬的大树砍倒。”

还有一个作家说过：“在任何力量与耐心的比赛中，把宝押在耐心上。”

小甲虫的取胜之道，就在恒心上。

一个青年问著名的小提琴家格拉迪尼：“你用了多长时间学琴？”格拉迪尼回答：“20年，每天12小时。”

也有人问基督教长老会著名牧师利曼·比彻，他为那篇关于“神的政府”的著名布道词，准备了多长时间。牧师回答：“大约40年。”

现在有一种流行病，就是浮躁。许多人总想“一夜成名”“一夜暴富”。比如投资赚钱，不是先从小生意做起，慢慢积累资金和经验，再把生意做大，而是如赌徒一般，借钱做大投资、大生意，结果往往是惨败。网络经济一度充满了泡沫，有人并没有认真研究市场，也没有认真考虑它的巨大风险性，只觉得这是一个发财的“大馅饼”，一口吞下去，最后没撑多久就草草倒闭，白白“烧”掉了许多钞票。

俗话说得好：滚石不生苔，坚持不懈的乌龟能快过灵巧敏捷的野兔。如果能每天学习1小时，并坚持12年，所学到的东西，一定远比坐在学校里接受4年高等教育所学到的多。正如布尔沃所说：“恒心与忍耐力是征服者的灵魂，它是人类反抗命运、个人反抗世界、灵魂反抗物质的最有力支持，它也是福音书的精髓。从社会的角度来看，考虑到它对种族问题和社会制度的影响，其重要性无论怎样强调也不为过。”

人类迄今为止，还不曾有一项重大的成就不是凭借坚持不懈的精神而实现的。提香的一幅名画曾经在他的画架上搁了8年，另一幅也摆放了7年。

大发明家爱迪生也如是说：“我从来不做投机取巧的事情，我的发明除了照相术，也没有一项是由于幸运之神的光顾。一旦我下定决心，知道我应该往哪个方向努力，我就会勇往直前，一遍一遍地试验，直到产生最终的结果。”

凡事不能持之以恒，正是很多人最后失败的原因。英国诗人布朗宁写道：

实事求是的人要找一件小事做，

找到事情就去做。

空腹高心的人要找一件大事做，

没有找到则身已故。

实事求是的人做了一件又一件，

不久就做一百件。

空腹高心的人一下要做百万件，

结果一件也未实现。

在职场上打拼，工作中一定要具备忍耐的精神，锲而不舍地去做，才有成功的一天。

屈己忍志，隐机以待

在草原上，每只狼都明白：如果草场在减少而我是一只羊，那么我想吃的不再仅仅是草，我会磨尖牙齿，去寻找生肉。正因为狼非常懂得进退的尺度，因此，它们能在竞争激烈的环境中生存下来。

古人云：“木秀于林，风必摧之。”锋芒毕露的人很容易遭到别人的非议和敌视，在政治斗争中尤其如此。善于保存自己，急流勇退，不是消极地避凶就吉，而是为了养精蓄锐，待机而动，这就是韬光养晦。《周易·系辞下》：“尺蠖之屈，以求信也；龙蛇之据，以存身也。”隐藏自己的才华，隐蔽自己的真实企图或目的，这是力量不足、处于劣势时以保护自己，以待今后东山再起的良谋。善于断然退避，是一个人博大胸怀的具体体现。一个人只有懂得了韬晦有度、进退有方，才能立于不败之地。

思古量今，以史为鉴，以事明理，以理示人，综合时事，与时并进，循循善诱；无论是在激烈残酷的政治斗争中，还是在现实的生活中，都应该懂得韬晦之计。

韬晦之计，铸就多少成功者，而我们更应该认真学习这一法则，韬晦之计有其极大的隐蔽性而且具有极强的实效性，它往往攻其不备而出奇制胜，取得事半功倍的效果。正确使用韬晦之计，是把握中国古代人生智慧的重要内容之一。当然，区分在使用韬晦之计经验时的善恶、美丑表现也是必要的，因为任何手段只是达到目的的途径，绝不能代替目的本身。韬晦有度，永远是智慧的形式之一。

中世纪阿尔巴尼亚的民族英雄斯坎德，在很长一段时间里，他是土耳其苏丹的宠臣，统治着阿尔巴尼亚的人民。当时，土耳其已经侵占了阿尔巴尼亚，为什么斯坎德甘心情愿地为其主子效劳呢？既然他是个侵略者的工具，为什么又要称他为民族英雄呢？

实际上，斯坎德是十分仇恨土耳其的侵略行径的，特别是在他幼年的时候，他曾作为人质被扣留在土耳其，仇恨的种子深深地埋在他的心里。但他是个有心计的人，使用韬晦之术，取得了土耳其苏丹的欢心。苏丹送他进军事学校学习，并委以重任。他也俨然以土耳其的贵族自居，从根本上讲，似乎忘记了自己是阿尔巴尼亚人。

斯坎德受到了土耳其苏丹的信任后，尤其是当上了阿尔巴尼亚行政长官之后，就开始与各地的反土耳其力量联络，百姓们也希望他能够领导阿尔巴尼亚人民进行复国运动。但斯坎德认为这不是一个好时机，绝不能轻举妄动，否则就会前功尽弃，并且会给人民带来更大的不幸。

后来，被土耳其占领的匈牙利人民开始起义了，斗争的烈火越烧越旺，土耳其统治者为了镇压起义，从阿尔巴尼亚抽调兵力。斯坎德终于等到了有利时机，他从紧张的前线抽兵回地拉那，以迅雷不及掩耳之势，控制了阿尔巴尼亚的所有军事要塞，成功地完成了复国任务。

当土耳其调集大量军队进攻刚复国的阿尔巴尼亚时，斯坎德却将部队化整为零，巧妙地隐蔽起来，并且传出风声：“斯坎德已经躲进深山丛林。”

这是斯坎德的又一韬晦之计，他自知敌不过土耳其的大军，也了解阿尔巴尼亚各部族首领的妥协动摇性，所以从公开的战场转入到地下斗争。他不失时机地调动部队，并加以集结和训练。正当土耳其军队庆贺再次征服阿尔巴尼亚时，斯坎德的大军犹如从天而降一般，出现在地拉那附近，不知所措的土耳其人就这样被包围了。

斯坎德在这次战争中，牢牢地控制了阿尔巴尼亚的局面，不仅使土耳其侵略者闻风丧胆，那些动摇和妥协的贵族也信服了斯坎德。因此在欧洲，一个新兴的阿尔巴尼亚就崛起了。

第六章

居安思危　不断进取

有经验的猎人都说，狼的鼻子是最灵敏的，它们不仅仅能闻出同类或者猎物的气息，甚至能闻出“危险的味道”。

这一点主要得益于狼有着强烈的忧患意识。艰苦的环境和激烈的生存斗争，使狼对各种可能存在的潜在危险，都保持着高度的敏感。

在各种食肉动物当中，狼是少数懂得储存食物的动物之一。在寒冷或者干旱的季节，草原上的食物少得可怜，狼群经常是饥肠辘辘的。但是即使是在这种情况下，狼群仍然会把一部分围猎到的食物储存起来，以备作更艰苦时的“救命粮”。

忧患意识，也是最近几年社会上的热门话题之一，现在的年轻人非常缺乏忧患意识，不少人是“月光族”或者“日光族”，过着“做一天和尚撞一天钟”的生活。一旦出现危机，却无法坦然面对。

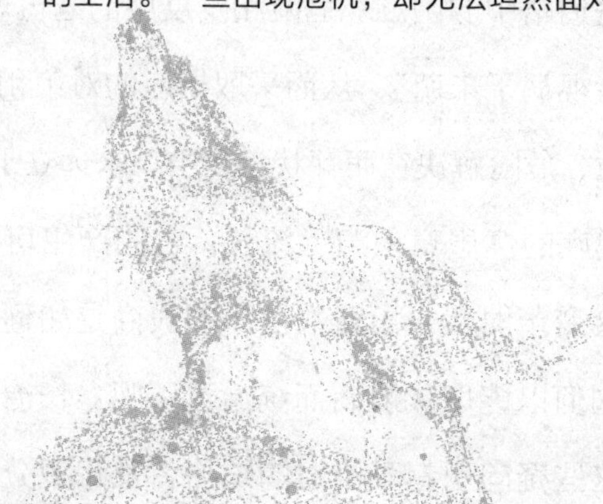

明天的早餐在哪里

在食肉动物当中，狼是少数懂得储存食物的动物之一。尤其是在寒冷的冬天，狼群往往要一个月甚至更长的时间才能进行一次大规模的狩猎。但是，当狩猎完成之后，狼群却不是大吃特吃，撑得肚皮滚圆，而是根据猎物的多少，把一定的食物埋在雪里。这些埋起来的食物往往就会成为它们的“救命粮”。因为它们知道，明天的早餐说没就会没了。

俗话说：“人无远虑，必有近忧。”就是告诫人们要居安思危，要有忧患意识，才能防患于未然。一个人是这样，一个地方，乃至一个国家、一个民族都是这样。因为忧患意识是人的理智的反映，是智者智慧的表现。越是清醒、明智的人，就越能预见前进道路中的困难、危险和发展中的危机。“明者见危于无形，智者视祸于未萌”，从而采取相应的对策和措施，把一切困苦、矛盾、危险解决在萌芽状态之中，永远立于不败之地。

中华民族的忧患意识源远流长，它的产生可以追溯到殷周之际的社会变革时代。历时数百年的殷商是如何灭亡的呢？小小的西周国何以能取代殷商而统治天下呢？长治久安的秘密在哪里呢？这些疑问引起了当时的统治者及知识分子的关注，他们不断总结这一历史经验教训，这就是“忧患意识”。

周人推翻了殷人的统治，成为新的胜利者。然而他没有像一般胜利者那样趾高气扬，忘乎所以，而是表现出《易传》所说的“忧患”意识。表明当事者对吉凶成败具有深思熟虑的远见，表明当时的人们面对事物产生了责任感，也就是精神上开始产生了自我反思。显而易见，周代建国者对殷革夏命以及周革殷命的经验教训进行了深刻的反省，他们当时的心态，正如《诗经》所形容的：“战战兢兢，如临深渊，如履薄冰”。

人类生息繁衍在地球之上，大自然为人类的生存发展提供了各种必要的条件。同时，也有降灾肆虐的另外一面。特别是人类对大自然的过度索取，对生态环境的肆意破坏，极大地加强了自然力量的破坏作用。从某种意义上来说，自然灾害正是对人类破坏自然生态的一种报复和惩罚。可惜的是，自然灾害过去之后，人们往往“好了疮疤忘了痛”，为了眼前的利益而肆意破坏生态环境的现象依然到处可见。

日本是一个岛国，地震频发，各种资源严重匮乏。这种客观的自然条件造就了日本人强烈的忧患意识。

下关是个港口城市，有几条航线可以直达我国的上海、青岛、大连等城市。出出进进的船依然有很多，有不少是来自中国的货船。这些船运来的大多是山西和东北的优质煤。

但是，令人惊讶的是，他们进口我们的煤现在并不用，而是用巨大的混凝土盒子，把运来的煤装进去密封起来存放到大海里。这些年存放起来的煤，已经相当于一个中等煤田了。

这还不是最令我们震惊的。日本的煤田很少，他们买了煤存放起来慢慢用可以理解，但是，我们都知道日本的森林覆盖率是世界上最高的几个国家之一，比我国高好几倍。而且，木材不像煤，用完了就没有了，它可以再生，伐一些，再栽上，几年过去又成材了。但日本人不这样想，他们严厉禁止砍伐木材，却大量从我国进口木材。

北海道的札幌港口同下关一样繁忙，看到有很多船是从大连来的，装的都是来自东北的原木。而站在札幌的一个制高点上极目远眺，我们看到的是无边无际的原始森林，甚至就在港口卸木材的岸边，那些比运来的原木还要粗的大树毫发无损地站立着，一车车木材从那一排排茂盛的大树边上通过，运到他们的城市里。

日本人之所以这么做，是因为他们担心一旦有一天，资源短缺了，这些储备起来的能源就是他们的救命稻草。日本人的这种强烈的忧患意识确实让我们的某些国人深思。

“人无远虑，必有近忧”，是一句大家耳熟能详的警语。

深入思索，就会令人豁然开朗。所谓“人无远虑，必有近忧”是指，现在所面临的问题，是肇因于以前没有深思熟虑的作为；同样的，今天的作为如果未经长远的深思熟虑，未来必会尝到苦果，这就是要求我们必须有忧患意识，有危机感。有“危机感”并不代表要保守、退却，而是要具有谋划意识。在积极审慎的心态下，就能达到犯最少的错误，累积最大成就的境界。

王先生家在所在城市算是一个小康家庭。王先生在国企工作，王太太在医院工作。唯一的女儿小雯已经考上了大学。本来这是一个幸福的家庭，可是一切都在小雯取得了去美国留学的签证以后发生了变化。

王先生夫妻二人都十分心疼这个女儿，当得知女儿可以去美国留学以后，两人立即想办法办理陪读。

到了美国以后，却发现在这里生活举步维艰。全家只能靠妻子在超市里面打工的薪水过日子。

其实身边这样的例子也真的不少，可是还是有人在不断地重复这样的选择。有的时候真的替他们惋惜。放着国内好好的前途不要，一下子就把自己抛在了这样一个无助的状态。北美的自然环境固然是好，美国的社会保障系统也是一流的，可是对于这些可以移民过来的人来说，要在中国享受到这些也应该是轻而易举的事情。

如果是为了孩子也许还情有可原，可是孩子难道就真的需要这些吗？要这些孩子们融入这个社会，难道对他们不是一种巨大的压力吗？不知道孩子们是不是会领这个情，也许他们更需要的是熟悉的环境、熟悉的文化和熟悉的亲朋好友。

或许有些人是逼上梁山，不得不为之。一大笔费用已经花出去了，消息也传得尽人皆知了，不出去好像在国内就没有立足之地了。如果是这样，真的大可不必。要知道，“人无远虑，必有近忧。”今时往日不可同日而语，变化远比计划要快很多。美国人的生活可能惬意，但是那是对人家本国人来说。对于外来的人，永远都得倾尽全力生活，但是也未必能如你所愿。举个例子，即使你在国内有再多的工作经验，但是没有一纸当地的文凭，恐怕也很难找到合适的工作，这就是现实。这一切都是因为当时没有仔细考虑所带来的恶果。

对个人而言，当学生的时候参加考试，如果你在学校里的成绩很好，一直名列前茅，但是这并没有什么可沾沾自喜的。想要考上名牌大学，你需要和全国所有学校的尖子生竞争，你一样要走独木桥，只有考虑到了这种“危机”，学习的干劲自然就更大了。

毕业了以后参加工作，你很幸运找到一家待遇不错的公司，老板很重视你。但是这也并不就意味着你可以高枕无忧了。现在竞争这么激烈，一旦公司效益下滑，进行裁员，每个人都有失业的危险。政策的调整也可能会影响你的升迁，唯一应该做的就是努力增强自己的业务水平，使自己更具竞争优势。这样，当危机发生的时候才可能安然渡过。

生活上也是如此，你一直健康如牛，所以对所谓的医疗和人身保险不屑一顾，但是现在医疗费用昂贵，一旦你生病住院，将会花费远远超过保险金额的金钱，甚至把数年的积蓄毁于一旦。

对企业而言更是如此，即使目前企业的效益再好，竞争依然存在，如果只是满足目前的状况，不思进取，则很可能会被竞争对手所取代。竞争是残酷的，它往往不会给你第二次机会，所以要想在竞争中占据优势，就只能从长远打算，回避各种可能存在的风险，或者把潜在的损失降到最少。

虽说是“人无远虑，必有近忧”，然而凡事应有个尺度，切不可杞人忧天，终日忧心忡忡、无端悲愁。即使生活中确实发生了令人烦恼、焦虑的事情，我们也应振作精神、积极面对，而不该整天闷闷不乐地就此消沉下去。

树立忧患意识是非常必要的，但问题的关键是要树立一种什么样的忧患意识。是低级的害怕心理，还是理性的忧患？回答当然是后者。但树立高级的忧患意识却是说起来容易做起来难。在现实生活中，有很多人在预测形势发展时，谈到有利因素时则是盲目乐观，形势一派大好；一谈到不利因素时则唉声叹气，情绪悲观，前景黯淡，茫然不知所措，不能把握“安”与“危”的辩证关系。

从正确的忧患意识的本质看，“安”应该是事物发展的主流，而“危”则是事物发展过程中可能出现的问题，经过科学的防范是可以避免的。

忧患意识可称之为危机感，是人才最珍贵的思想品格之一，它是人才成熟的思想素质的标志。忧患意识是一个严肃的思维型人才对命运的深沉思虑，是一种对事物的深层次洞察。

对潜在危机的预感和先觉是忧患意识的成因之一。具有忧患意识的人必然具有超前的忧虑和警觉而显示出其真知灼见。在和平年代，当人们如醉如痴地欢庆胜利和成功的时候，他不去参加凯旋者的鼓噪和欢呼，而是安静地徘徊沉思于寂寥之处，沉思那隐藏在成功与胜利之后的危机端倪。他没有浅薄的陶醉感，他为超越现状、获取更可靠的成功而忧思甚至痛苦。在表面莺歌燕舞的虚假繁荣和胜利之时，他独具卓识，透过眼花缭乱的珐琅质似的光辉看到了事物背后的危机和衰朽，忧患意识使之警觉和清醒。

真正拥有忧患意识的人不是高高在上的，在真正危机爆发时，忧患者处变不惊，他不为自己不幸而言中的预言家式的先觉而漠视、傲世人生，嘲笑愚昧，而是积极地参与，竭尽忠诚地疗救时弊，挽狂澜于既倒，救危亡于燃眉。正视危机、研究危机并解决危机，他具有一种严肃的责任感和献身精神。

人欢我忧、人醉我醒、人乱我稳、人退我上——这就是人才的高尚的忧患意识：在成功时冷静，在危机的潜伏期洞察，在危机爆发时挺身而出奉献疗救之策。

多些危机意识和忧患意识，才能正确认清形势，正确认识差距，应对挑战，才能紧紧咬住人生目标，呕心沥血，奋斗不止，攻坚克难，争先进位。

在顺境中发现危机

在狼的一生当中，虽然大部分时间都是处于战斗和危机当中，但是在与环境斗争、为生存战斗的间隙当中还是有一些闲暇的“娱乐时间”的，尽管这短暂的“休闲时光”弥足珍贵，但是狼群还是保持足够的警惕。在任何休息的时间，头狼总是会安排几只强壮的成年公狼担任警戒的任务，有任何的风吹草动，全体狼群都会马上行动起来，投入到战斗中去。

与狼相比，人类在顺境中发现危机、预防危机的能力就要差很多。中国有句名言叫："生于忧患，死于安乐。"意思是说，人在恶劣、危险的条件下容易提高警惕、激发潜力去渡过难关，但是如果到了安定的环境当中，人反而会放松警惕、失去斗志，更容易被小困难所打倒。

有一个著名的实验：取两只青蛙，一只放在盛满沸水的容器里，这时候，青蛙因为一下子接触到太烫的水，奋起一跃，成功地从容器里跳了出来，保住了性命。另外一只放在盛有温水的容器里，然后缓慢加热。一开始青蛙游得自由自在，过了一段时间，水温逐渐升高，青蛙还是没有感觉，就这样，青蛙在毫无防备的情况下被活活煮死了。

在人的一生中，有顺境，也有逆境，而且两者往往交替出现。正如那波涛滚滚的大海，有风和日丽的日子，也有风雨交加的时候。这是客观存在，不以人的意志为转移。我们要想取得成功，固然在逆境中要有战胜一切的勇气，同样在顺境中也要有防微杜渐、迎接未知挑战的准备和决心。

青岛啤酒是我国啤酒业乃至世界啤酒业的著名品牌。上百年的悠久历史、优秀的品质、良好的信用，使青岛啤酒的发展一直处于稳稳当当的顺境当中。但是青啤公司的管理者们并没有在顺境中放松戒备，2003年10月“危机管理组织体系”在青啤公司正式组建。在企业内正式建立一种应对各种危机的组织体系，在国内企业中，尚属首例。

此举表明，青啤公司内部管理与国际接轨的步伐，又向前迈进了重要的一步，企业的可持续发展又多了一层保障条件。

这一组织体系的组建是自上而下进行的。目前，由公司主要领导组成的指挥中心——“危机管理小组”，由50多位部门负责人和工作人员组成的日常防范及现场解决机构——“执行小组”，以及由200多名各子公司一把手和中高层管理人员组成的“危机管理组织体系”的组织已经完成。至此，企业初步形成了承上启下、上下联动、互为响应的快速反应机制，并配套建立了各类预案体系。

下一步，将进一步在每个子公司内部进行这种体系的建立，把这种机制渗透到每一个基层。据了解，自2003年以来，在这一组织体系酝酿和组建的过程中，公司已经进行了不同层次和级别的不同预案的演练。一些已经进行过的预案模拟演练表明，企业总部及部门的反应迅速、职责明确、角色清晰、上报及时、判断得当、处置规范，初步验证了这一机制的可行性和有效性。

危机管理体系的建设是企业国际化不可或缺的重要内涵，是企业诚信和公共形象建设的一个重要方面。所以，青啤公司把它作为国际化大公司战略进程中的一个重要步骤，他们参照国际优秀公司的模本和经验，结合企业自身的特点，以预防为主要立足点，从企业战略、财务、质量、环境、职业健康安全、食品安全到来自社会的冲击和突发事故等，进行了“危机管理”的教育，并设计了不同的应对预案。

目前，青啤公司在国内18个省市已有50多个生产企业或子公司，而且公司规模还将继续扩张，这一体系的建立和运行，将在公司上下，普遍树立一种危机意识和形成一种危机应对能力，可以有效地调动各种资源，积极预防和消除、化解危机萌芽，为企业的不断扩张和稳步发展创造有利的条件。

正是依靠这种在顺境中不放松应对危机的做法，才使青岛啤酒几十年来大厦稳固、历经风雨依然巍然不倒。

企业如此，对于个人也是一样，即使是在顺境当中也始终都要有一种危机感。这种危机感，不是来自内部的压力，也不是单纯的外部环境影响，而是一种处事的心态，时刻警觉求生存就好像如履薄冰，一不小心就会掉进窟窿。危机意识可以让我们知道怎样去务实、怎样去创新、怎样去求变，而不至于屈居人后。

事实上，办企业，求生存也好，求发展也好，逆境也好，顺境也好，都如履薄冰。但是只要我们时刻保持这种危机感的心态，并采取必要的措施，那么逆境中会转危为安，顺境中会把危机消灭于萌芽之中，更上一层楼。

在现在竞争越来越激烈的社会环境当中，没有人相信眼泪，也没有人会怜悯弱者。有人认为在顺境当中还把自己弄得“神经紧张”是一种杞人忧天的做法。实际上，没有危机感本身就是一种危机。人在顺境的时候，尤其要有危机意识。要居安思危，就要多想想：我们的工作水平跟同行的先进水平相比还有多大差距？效率能否有较大提高？有没有欠缺？特别是要抛弃所谓的“优越感”。现在的企业和社会，在考察一个人的时候，并不把所谓的“学历”“职位”“工作经历”作为主要的砝码，而是把工作能力当成唯一的衡量标准，而应对危机的能力在工作能力当中是极其重要的一环。

认真想想自己有哪些先天不足和后天缺陷，并针对其中的关键问题和薄弱环节，及早地调整对策，采取整改措施，向最好的学，与最强的比，往最高处攀。密切结合自身实际，依靠成熟、稳健、理性的发展思路，扎实推进各项工作的全面进步，以适应更为严峻的职业竞争。

我们没有理由盲目乐观，更没有理由悠然自得，必须增强危机意识，从本职工作的点滴做起，踏实工作。在具体生活和工作中，要多学习、多思考、多实践，把握现实，使自身综合素质与能力得到更大的提高。

现在，很多人身上不同程度地存在着“小富即安，沾沾自喜”的心理，这是缺乏危机意识的典型表现。我们一定要克服这种心理，正视危机，增强危机意识。这样，当危机到来时，我们才不至于措手不及，处理问题才会更加得心应手。

忧患意识和希望同在。没有希望就没有忧患意识，没有忧患意识就没有希望。只有故步自封、自以为是、不求上进者才没有危机感和忧患意识。危机是催人创新创业创优的最大动力，具有危机感和忧患意识的人，就会永远充满希望，不断地前进。

具有超凡的消化能力

在实验室里，动物学家惊奇地发现，狼的粪便里面最主要的成分居然是各种动物的毛纤维和一些牙齿，除此之外就是一些像石灰粉似的动物骨钙。狼把猎物身上所有的东西都消化了，除了一些实在没有营养的物质。据动物学家说，其他动物都不具有像狼一样强大的消化吸收能力。

从狼身上，我们可以得到这样的启发：在信息爆炸的时代，只有学会吐故纳新、新陈代谢，最大化地吸收有用的知识，并最终转化为实用的能力，我们才能在职场做到日新月异，才能在激烈的社会竞争中立于不败之地。

随着时间的流逝，每个人赖以生存的知识、技能会慢慢折旧。在风云变幻的职场中，脚步迟缓的人很快就会被甩到后面。如果你是工作数年自认“资深”的员工，也不要倚老卖老，妄自尊大，否则很容易被淘汰出局。我们来看现实中的一个典型例子。

有些老医生，自从出了医科学校之后，诊病下药就一直沿用老法子，于是渐渐步入没落之途。他们明明应该把门面重新漆一漆，应该去买些新发明的医疗器械及最近出现的新药品，但他们都舍不得花钱，他们从不肯挤出时间来看些新出版的刊物，来学习提高自己的能力，也不肯去研究和实验种种最新的临床疗法。他们所施用的诊疗法，都是些疗效迟缓、陈腐不堪的老一套，他所开出来的药方，都是不易见效的、人家用得不愿再用的老药品。

他们一点也没留意到，在他诊疗所附近来了一个青年医生，已有了最新的完善设备，所用的器械无不是最新的一种，开出来的药方，都是最新发明的药品，所读的都是些最新出版的医学书报：同时他的诊所的陈设也是新颖完美，病人走进去看了都很满意。于是老医生的生意，渐渐都跑到这位青年医生那里去了。当他发觉了这个情形的时候，已经悔之不及了。

可见，不提高自己的能力，不进取，就意味着后退，就等于失败。唯有不断的吐故纳新才是最佳的工作保障。职场人士的学习必须以积极主动为主，因为它有别于学校的学习，缺少充裕的时间和心无杂念的专注以及专职的传授人员。要想在当今竞争激烈的商业环境中胜出，就必须学习从工作中吸取经验，探寻智慧的启发以及有助于提升效率的资讯。来看一下唐玲的做法。

一年前，唐玲踏进了目前就职的这家公司。尽管好朋友曾劝告她，在外企就职，对于她这样一个只有高中文化水平的女孩子，本来就很艰难了，又要面对两个不同国籍、有着不同文化背景的外国老板，她的工作难度简直无法想象。

刚进公司那段日子的确是最难熬的。两位老板只把她当成个干杂事的小职员，不停地派些杂七杂八的事情让她做，同事们也当她是个毛孩子，唐玲委屈得不知流了多少泪水。但她忍耐着，她不断地学习，以此寻找着让别人认识自己的机会。

除了把工作做得周到细致外，她还把自己所能见到的各种文件，全部都抢到自己的工作台上，只要有空就去认真翻阅琢磨，学习公司的业务。对于外文文件的文字障碍，就不厌其烦地去翻看她的那两本无声老师——英文字典、法文字典。日久天长，她对公司的业务了如指掌了，为自己进入通畅的良性工作循环状况做了充足的准备。

外文水平在与日俱进，这种速度令唐玲自己都吃惊不小——业务方面的外文文件看起来盲区少多了。两位老板对她刮目相看，不久就让她做了秘书。实际上，在这个公司，她相当于副总，公司的日常事务都由她来管。

作为一个大公司的职员，没有足够的现代知识武装头脑，失去生存机遇的可能性就是百分之百。所以，唐玲给自己制定了严格的学习计划——学习外语，学习计算机。在她的时间表里，休息日的概念早已模糊。由于她坚持不懈地学习苦练，夯实了基础，提升了自己的工作能力，当然，她也随之高升了。

无论是在职业生涯的哪个阶段，学习和吸收新知识的脚步都不能停歇，要把工作视为学习的殿堂。你的知识对于所服务的公司而言可能是很有价值的宝库，所以你要好好自我监督，别让自己的技能落在时代后头。

那么，我们应该用什么样的方法，才能在最短时间内最大限度地获得知识呢？是步步为营的金字塔式，还是孤军深入的电线杆式？都不是，一种螺旋上升式的学习方法已经在此时撞击着我们的神经了，它在悄悄告诉我们：现代学习的一种诀窍，就在螺旋上升中前进。

所谓螺旋上升的学习法，就是用一系列的循环知识单元，来代替平铺直叙的知识积累和阐述。每一循环都比上一个循环更高一层，更进一步。与“金字塔”式的学习方法相比，它能够更迅速地理解和获得知识。与“电线杆”式的学习方法相比，它能更广泛地了解所学内容的全貌。通俗地说，螺旋上升的学习法是整体大于各部分总和的一种循环。后一循环需要前一循环为基础，而又比前一循环更深、更高。而且后一循环的学习，又使前一循环得到丰富的补充。

“螺旋上升”式学习法，以学习者所感兴趣，或想研究的内容为目标。起点可以是某个基本概念、某个公式、某个实验现象、某个疑难问题，甚至可以是自己的某种设想。从这个起点出发，围绕着中心内容，学习、掌握与中心内容有直接关联的基本知识。同时了解那些与中心内容有联系，但并不直接影响的有关知识。经过一个阶段的学习，使基本概念得到掌握，公式得到理解和运用，实验现象得到分析，疑难问题得到解释，设想得到丰富和完善。同时还了解了与所学内容有关的知识领域，领略了所学知识的概貌。在这一循环的学习中，又会遇到新的概念、新的问题，再以此为新的起点，进一步循环，进一步学习，进一步开阔视野。同时，为了解决起点所提出的课题，需要认真地钻研、理解、掌握；需要我们去查找书籍、寻求解答根据、说明材料，这不仅仅是掌握知识的过程，也是培养扎实钻研作风的过程，同时还是训练快速查阅书刊文献，有效利用资料能力的过程。可以说是“一箭三雕”。

对于那些既无大学学习条件，又不具备超群智力的广大学习者，用勤奋和毅力，借助图书馆的书籍、资料，以“螺旋上升”式方法学习，在“知识爆炸”的今天，一定能够在较短的时间内获得较多的知识。

总而言之，新世纪的经济发展已经表明，未来的职场竞争将不再是知识与专业技能的竞争，而是学习能力的竞争。一个人如果善于学习，他的前途会一片光明；而一个良好的企业团队，要求每一个组织成员都是那种迫切要求进步、努力学习新知识的人。

不打无准备之战

狼就像一个智慧的军事家，每次在攻击对手之前，它们绝不会掉以轻心，即使对手只是几只瘦弱的羊。狼从不莽撞出击，一定要等到完全掌握了对手的实力，在对手最意想不到的时刻才开始攻击。狼为了保证自身的安全和狩猎的成功，每次捕食都要经过漫长的等待。在这漫长的等待中，它要忍受饥饿的折磨。

《孙子兵法》上说“胜兵先胜而后求战，败兵先战而后求胜”，意思是说打胜的军队总是事先取得必胜的形势后才向敌方宣战，打败的军队是因为先打仗而后谋求胜利。因此，要打必胜之战，首先做到充分准备，知晓敌我双方情况，在预先掌握信息时，要讲求客观实际，不靠主观臆断，不靠迷信推想，然后依据整体形势进行战前谋略。

其实，有很多人都知道在进行一项工作之前，首先要做好准备，但对应该如何准备却并不一定清楚。之所以这样，是因为他们没有目标，或者说缺乏一个清晰明确的目标。他只知道需要准备，但不知道为什么准备。结果很可能把该准备的忘记了，不需要的倒是做了不少，等再想回头补救时已经没有了机会，而这也正是许多人在工作中效率低下的最大原因。我们来看下面这个例子。

汤姆原来只是公司的一名普通职员。他从大学毕业走进公司的第一天起就为自己定了一个目标：用两年的时间当上部门经理。从那天起，“部门经理”就像一面旗帜，他没有一天不按部门经理的标准来要求自己做人做事的。

汤姆的准备是辛苦的，他往往要比其他职员多做许多工作，休息时也要参加许多相关专业的培训课程。汤姆每天都在为自己的目标做准备工作，虽然有些累，但劳累过后，看着自己的卓越业绩，他便体会到了更深的幸福和快乐。

不到一年，汤姆就被提拔到了主管的位置。他工作起来更加努力了，虽然为此他牺牲了许多娱乐和休闲的时间，但是有了目标，他感觉不到工作的劳累，相反把它当作一种享受。他的工作能力和工作业绩不断地得到公司总裁的肯定，在当上主管不到半年的时间里，再次被提升为部门经理，成了公司里提拔最快又最年轻的经理。

汤姆能从普通职员迅速晋升至部门经理，这是他用目标时刻鞭策自己，并不断围绕目标做充分准备与积累的结果。我们再来看一个例子。

有一家公司因内部管理不善而面临倒闭，不久，这家公司新上任了一个总经理。大多数员工都很兴奋，因为据说这个新来的经理是个能人，在管理方面素以铁腕、高效著称，是专门被董事会派来整顿公司的，他们都认为这位经理会有什么高招使公司境况扭转乾坤。

日子一天天过去，新任总经理不但没有“新官上任三把火”，而且毫无作为，他每天彬彬有礼地走进办公室后，便待在办公室里很少出门，与传闻中的“铁腕、高效”的形象大相径庭。公司的气氛开始缓和下来，那些平常喜欢偷懒、挑拨是非、挖公司墙角的人由小心谨慎变得比以前更猖獗了，都在私下议论：“新任总经理哪里是个能人，根本就是个老好人，比以前的总经理更容易对付。”

尽管如此，总经理似乎没有丝毫觉察，仍然没有采取任何行动。那些能够认真工作的员工心里不禁有些失望起来，心想：董事会怎么会派这么一个不懂管理、效率低下的人来呢？

一个月过去了，新任总经理终于开始行动了。那些平常喜欢偷懒、挑拨是非、挖公司墙角的人一律受到了处罚，而能干的人则获得了提升。下手之快，断事之准，效率之高与从前那个表现保守的他判若两人。三个月后，这家面临倒闭的公司在这位新来经理的管理下，公司慢慢地恢复以前的繁荣了，大家都拍手称快。

新任总经理的高明之处就在于做好了充分准备后才下手整顿，如果弄不清事实就开始实施方案，肯定不会有什么效果。

工作中，总是有人怀着羡慕、嫉妒的心态去看待那些得到提拔和待遇优厚的人，认为他们取得成功的原因是走了“后门”或是有“高人”相助，于是感叹老天对自己不公平，他们显然没有明白有准备的重大意义。

马涛与王军都在销售部工作。这两个刚到新的工作岗位的年轻人都跃跃欲试，工作都很积极卖力，但以后的发展则大大出乎人们的意料。

一天，马涛预约的一个客户按时来到公司，找到正在忙碌的马涛。此时的马涛正低头埋在一大堆客户资料中，焦头烂额地分类，看到已经到来的客户，他这才想起这单早已预约好的签单业务。

马涛满怀歉意地请客户来到会议室，这才发现应该复印的文件和资料以及产品的说明书都还没有准备好，不禁大惊失色，连声道歉，匆忙跑去复印。等一切准备就绪后，客户已经十分不耐烦了。当马涛满怀歉意地向客户介绍产品的性能时，才发现在慌乱中，他把合同复印错了。马涛的表现让客户很失望，于是客户取消了订单。

马涛的懊丧可想而知，但经理没有过多地批评他，只是告诉他，明天王军也有一个签单业务，让他去看看王军是怎样做的。

第二天，王军按照预约的时间，笑容可掬地站在会议室门前等待客户的到来。客户没有迟到，对王军的等待还有些意外。这种被重视的感觉让客户心里很满意。马涛不禁想起昨天自己对客户的态度，脸不由得红了起来。

王军不慌不忙地打开文件夹，里面的产品资料、使用说明、文本合同一应俱全。王军有条不紊地一项一项地向客户介绍产品的情况，并把近期公司举行的优惠活动详细地告诉了客户，并站在客户的角度上提出了一些非常有益的建议。

最后，王军对客户说："听说贵公司最近又要开设一个分公司，我想，贵公司一定在短期内还要引进我们公司的设备。如果您愿意的话，可以在这次订货中一起购置所需设备。这样，不仅可以因数量多有更多的优惠，而且可以省去一些不必要的装运费用，你看怎么样？"客户显然是动心了，马上给总公司的负责人打电话，当得到肯定的答复后，客户将订单又加了一倍。

可见，无论我们做什么事情都要做好充分的思想与物质准备。正如成功学之父戴尔·卡耐基说的："不为明天做准备的人永远不会有未来。"对于每个人来说，只有时刻准备才能有所作为，员工之间与团队合作以及与个人机会的把握，都需要做好相应的准备。

时刻保持忧患意识

狼不仅面临着人类的大量捕杀，而且一生的大部分时间都处于饥饿状态，为了生存，它们不得不四处寻找食物，有时为了跟踪猎物，一连几天都不能休息；捕猎时还可能被拼死抵抗的猎物而危及生命；捕食成功后，由于体力消耗，还容易受到其他的想不劳而获的动物的袭击等。

但是，狼时刻都保持危机意识，凭着敏锐的嗅觉、视觉、听觉和快捷的反应速度逃过了一次又一次的危机，成为草原上的强者。

有一个成语叫"杞人忧天"，它的意思说是人们不要为一些不着边际的东西忧愁。一般情况下，人们会把它与"庸人自扰"相提并论，难道"杞人忧天"真的就是"庸人自扰"吗？"杞人忧天"从某种意义上就是危机文化，就是企业家思想中的危机意识，以及如何规避和防范危机的文化战略。

纵观中国几千年的历史，但凡是政绩卓著、社会长治久安的执政者，无一不具有居安思危的忧患意识，总是“居之无倦，行之以忠”。唐太宗李世民之所以能够开创著名的“贞观之治”，这与他的忧患意识是分不开的。

唐太宗经常对侍臣说：“治理国家和养病没有区别：病人觉得身体有所好转，但是还需要保养调理，否则会旧病复发，有丧命的危险；治理国家也是如此，天下稍为安定，更应小心慎重，否则必然失败。现在天下安危，全在我一人身上，所以，我务必谨慎小心，该休息时也不敢休息。”

贞观二年，京城大旱，蝗虫滋生。太宗到禁苑视察庄稼，双手捧起几只蝗虫祈祷道：“粮食是百姓的生命，你吃了粮食，却坑害了百姓。百姓有过错，责任在我一人，你如果有灵性，该吃我的心，不要伤害百姓。”说完，太宗就要吞下蝗虫，左右的人急忙劝说：“吃下去怕要生病，不能吃。”太宗说：“我希望灾祸转移到我身上，还害怕什么病？”他毫不犹豫地把蝗虫吞吃了。李世民为求神灵赐福免灾而吞食蝗虫的行为是否科学，不必追究，但他体察民情、不顾个人安危的精神是值得后人称道的。

贞观十四年，唐太宗平定了高昌国，召见侍臣，在两仪殿设宴招待。太宗对房玄龄说：“高昌的国君如果不失掉臣下的礼仪的话怎么会走到灭亡的地步？我平定了这样一个国家，心中更是感到危惧，只有罢黜奸佞，选用贤良，力戒骄淫来谨慎守业，也许可以让国家获得安宁吧。”

魏征趁此良机，劝谏太宗说道：“自古以来的帝王在创业的时候，必定很谨慎，随时警诫自己，善于采纳下人的意见，听从忠诚正直的建议。天下已安定，他们就恣意放纵欲望，喜欢听阿谀奉承的话，厌恶率直的劝谏。张子房是刘邦出谋划策的大臣，当年刘邦做了皇帝，打算废掉嫡子刘盈而立庶子刘如意为太子。子房说：‘今天的事，不是凭口舌可以争辩的。’始终不敢再去开导汉高祖。何况陛下功业、德义的盛大，用汉高祖来相比，他是比不上的。陛下即位至今已有十五年，如今又消灭了高昌，还时常将国家安危记挂在心，刚才又说想进用忠直贤良的人，大开直言规谏之路，这是天下人的幸运。”

通过唐太宗的这些感慨，我们可以得知他居安思危、勤政治国的决心，他不仅这样说，而且也确实有不少实际行动。

《贞观政要》中记载：臣子们认为宫中炎热潮湿，皇上休息和用膳的地方不合适，请求太宗在宽敞明亮的地方修建一座楼阁。但是，顾及修建楼阁需耗去十户人家的资产，李世民制止了臣子们的建议，不吝惜身受寒暑，安心地居住在低下简陋的地方。

正巧有几年霜灾歉收，普天之下饥荒严重，丧乱开始出现。李世民怜悯百姓，不断地救济抚恤，他自己也停止赏乐，撤除钟磬，说话凄婉动容，面庞消瘦了很多。其实，李世民平时心中就思劳忧虑，断绝游玩巡幸；每天清早设朝理事，听取和接受群臣的意见毫不懈怠；散朝之后，又召见有名大臣，共同探讨议论治国的得失；每天傍晚，一定会叫才学渊博的人进宫，畅谈古代典籍，写文咏诗，到深夜还不顾疲劳，夜半还不安寝。

以上种种，对于处于一国之尊的皇帝来说确实是难能可贵的。尽管唐太宗到了晚年不大检点，但总体来说，唐太宗对为政艰难的理解是深刻的，可谓是一个“居之无倦，行之以忠”的勤快皇帝。

国家如此，企业何尝不是这样呢？美国波音公司就具有一种居安思危的忧患意识。波音公司在对新员工职教育的时候，总是播放波音公司倒闭的假想新闻，其目的是唤醒员工的危机意识。

曾经，波音公司产量大幅下降，为走出经营低谷，波音公司决定“以毒攻毒”，危机面前，自曝惨状，以刺激员工，获取员工支持，达到复兴的目的。为此，波音公司自己摄制了一部虚拟的电视新闻片：在一个天色灰暗的日子，众多的工人们垂头丧气地拖着沉重的脚步，鱼贯而出，离开了工作多年的飞机制造厂。厂房上面挂着一块“厂房出售”的牌子。扩音器传来：“今天是波音时代的终结，波音公司关闭了最后的一个车间……”画面反复播放。

这则企业倒闭的电视新闻使员工们强烈地意识到市场竞争残酷无情，市场经济的大潮随时都会吞噬掉企业，只有不断进取、创新、拼搏，企业才能在经济大潮中乘风破浪，在竞争中立于不败之地。否则，虚幻的模拟倒闭就会成为企业无法避免的事实。

波音公司总部告诫雇员们：如果本公司不进行彻底的变革，末日就是如此。正如波音公司的总裁菲利普·康迪特所说：“我们的根本目的是要确保10年后还能在电话簿和互联网上查到本公司。真可谓‘假作真时真亦假，真做假时假亦真’，这一计策实施后，波音公司很快就从改革中尝到了甜头。员工们由于充满危机感而努力工作，节约公司每一分钱，充分利用每一分钟，从而使波音公司的飞机制造变得迅速而有效益。仅此一项，当年波音公司就削减库存费用达1亿美元，经营成本也降低了20%-30%。

波音公司推行这个策略，使人人都有真正的危机感，真切感到“末日即将来临”，警钟长鸣，以此来激发员工的忧患意识和不懈奋斗的精神，促进企业更上一层楼。

由此说来，在管理实践中，管理者应该努力使每个员工都具有危机感，能意识到饭碗和乌纱帽都是捧在手上而不是锁在保险柜里，然后通过管理把这种危机感所产生的压力转化成生产力，从而提升企业的竞争力。

后　记

每个人都有不同于他人的生活环境，但这并非就是决定一个人成败的关键因素。无论如何，我们都要相信自己，相信经过自己的不懈努力一定能彻底改变结果。在人生的道路上，每个人都应该懂得掌控自己的命运。也就是说，如果我们能学会接受自己，认识自己，知己所长、所短，便能稳步前行，达到目标。秉持自我本色，勇敢做自己，这才是生命的意义所在。

本书以生动的案例，对狼的优秀素质及卓越精神进行了深入剖析。在如今残酷的社会竞争中，一个人若具备了狼的诸多素质，则定能令其拥有强大的力量，取得令人瞩目的成功；一个团队若获得了狼的这种精神，那么它也将会无往不胜，取得更大的成功。希望通过阅读本书，能让你以全新的视角“以狼为师，学狼之长”，成为以智慧生存的强者！

本书在编写过程中，参考和借鉴了一些同类书籍，在此表示感谢。由于编写时间仓促，未能与个别编著者取得联系，本书出版后，希望他们与我们联系，我们对此深表欢迎。